AF346549

RÉSURRECTION MERVEILLEUSE

DE

M. DE NOTREDAME

NANTES, ANC. IMPRIMERIE CHARPENTIER — ÉDOUARD-VINCENT ET Cie

Rue de la Fosse, 32 et 34

RÉSURRECTION MERVEILLEUSE

EN 1877

DE

M. DE NOTREDAME

MORT EN 1566

A tous les savants de France et de Navarre !
A tous les amis du surnaturel ! !

NANTES

LIBRAIRIE CATHOLIQUE LIBAROS

RUE BARILLERIE

—

1878

PREMIÈRE PARTIE

———

MICHEL DE NOTREDAME ET SON ŒUVRE

15 avril 1872 et 2 octobre 1877.

Mon cher Monsieur M.....,

Je ne puis laisser passer sans y répondre les attaques assez vives lancées par M. l'abbé Chabauty de Mirebeau, en Poitou, contre nos prophètes privilégiés.

M. de Maistre a eu raison d'affirmer que jamais il n'y a eu, dans le monde, de grand événement qui n'ait été prédit de quelque manière; voilà pourquoi saint Paul recommandait en général à tous les fidèles non-seulement de ne pas mépriser les prophéties, mais de les examiner attentivement pour garder ce qui est bon à retenir (1er ad. Thess. v. 20).

Nous savons, par exemple, que la mission de Cyrus, le grand libérateur du peuple hébreu, a été annoncée par Isaïe plus de deux cents ans à l'avance.

Nous savons que Jésus-Christ, descendu du ciel en terre pour y détruire l'empire du démon, a été l'objet de toutes les prophéties de l'ancien Testament.

La France étant depuis longtemps regardée comme la fille aînée de l'Église, choisie de Dieu pour accomplir ses grandes œuvres dans l'Univers; la nation française paraissant être le nouveau peuple de Dieu chargé de porter le Testament nouveau aux peuples modernes, le sang prédestiné au milieu des populations occidentales, nous pouvons en inférer facilement que la situation intolérable où se trouvent actuellement l'Église et la France donne la raison d'être aux prophéties qui nous annoncent le Cyrus moderne envoyé de Dieu pour les délivrer du joug de leurs oppresseurs, en même temps qu'elle nous impose l'obligation de les étudier religieusement.

La théologie catholique nous enseigne qu'une prophétie doit réunir quatre principaux caractères. Il faut, dit-elle : 1° qu'elle ait désigné l'événement d'une manière nette et précise, en sorte que l'application de la prophétie ne soit pas arbitraire, mais que l'événement en fixe et en détermine le sens; 2° qu'elle soit certaine, authentique, c'est-à-dire qu'elle ait indubitablement précédé l'événement qui en fait l'objet; 3° que les faits annoncés soient arrivés comme ils avaient été prédits; 4° que la prophétie soit telle qu'on ne puisse en regarder l'accomplissement, ni comme le résultat d'une prévision naturelle, ni comme l'effet du hasard. (*Clef des œuvres de saint Jean et de M. de Notredame,* pages 3 et 4.)

M. Chabauty, dans son livre sur la concordance des prophéties, après avoir établi sur le choix des prophéties modernes des règles arbitraires et fantaisistes, rejette toutes celles qui n'entrent pas dans le cadre de ses idées et de ses études. Il lui faut des prédictions compréhensibles aux fidèles d'une intelligence ordinaire; des prédictions qui n'aient rien d'obscur; des prédictions qui aient une géographie et une chronologie précises; il écarte comme dépourvues de l'inspiration divine toutes celles qui ne présentent pas ces conditions, oubliant que malgré les travaux immenses d'interprétation auxquels se sont livrés les docteurs de l'Église sur les textes des prophètes anciens et des saintes Écritures, beaucoup restent encore insuffisamment expliqués. Est-il saisi de vertige pour oublier que les prophéties si nombreuses et si concordantes qui concernaient le Messie furent lettres closes pour la nation juive? S'il ne trouve pas le plan divin conforme à ses conceptions, qu'il le dise et qu'il le modifie! Sachez, M. l'abbé, que la pensée de Dieu, pour se manifester à l'homme, doit revêtir des formes telles que le son, la voix, l'écriture. Le trésor se trouve alors engagé comme dans une gangue dont il faut l'extraire. Dix docteurs et dix Pères de l'Église ont pu travailler à cette extraction sans pouvoir se flatter d'avoir épuisé la mine, car elle est si riche et si profonde qu'après mille docteurs il y aurait encore à glaner.

A tous ceux qui s'insurgent contre l'obscurité du langage des prophètes de l'ancien Testament et de tous les prophètes en général et qui se montrent disposés à les repousser pour cette cause, Cornelius à lapide répond avec les saints Pères :

« Une prophétie n'est pas une histoire; l'histoire est
» claire, la prophétie est obscure et symbolique. Dieu
» l'a voulu ainsi pour ne pas troubler la belle ordon-
» nance des causes secondes et de sa providence qui laisse
» les choses humaines surtout, se mouvoir d'après leur
» libre-arbitre. Cet ordre et cette liberté seraient entravés
» si les hommes pouvaient prévoir ce qui doit arriver
» par eux et par les autres. Si l'homme savait d'une
» manière certaine toutes les tribulations qu'il doit
» éprouver et que d'un coup d'œil il pût embrasser leur
» ordre, leur nombre, leur gravité, il perdrait courage
» et se livrerait au désespoir; mais comme les tribu-
» lations se produisent une à une, successivement et non
» toutes à la fois, l'homme peut alors supporter chacune
» d'elles plus facilement. »

Cela posé, nous adopterons l'opinion de l'Église et des saints Pères préférablement à celle de M. Chabauty dont les tendances nous semblent rationalistes, puis nous avouerons franchement que nous croyons à la vérité des révélations faites au XII⁰ siècle, par sainte Hildegarde, que nous envisageons les écrits de M. de Notredame comme de purs développements prophétiques de l'Apocalypse de saint Jean sur les destinées de l'Église et de la France, principalement depuis 1789 jusqu'à la fin du monde. Nous conviendrons avec lui que le langage de ces auteurs est obscur, mystérieux, figuré, symbolique comme celui de tous les prophètes, mais nous pensons qu'il faut laisser à Dieu le soin de susciter des interprètes de leur langage, à l'heure qu'il lui plaira ; le soin de préparer et de distribuer en nombre, poids et mesure le sens des prophéties aux différentes intelligences, de la même façon qu'il prépare et distribue le lait de la mère à chaque enfant, suivant son âge.

Nous permettrions volontiers à M. Chabauty de riré aux éclats devant la prétention singulière émise par M. Torné (*Vie de Louis XVI,* page 77), de se faire regarder comme le seul interprète choisi de Dieu pour expliquer M. de Notredame et devant l'assurance naïve avec laquelle ce dernier affirme que M. de Notredame a composé ses quatrains en raison de sa science, de son esprit d'investigation et des livres qu'il possède. Nous applaudirions M. Chabauty s'il voyait dans la locution *Sacer esto!* du quatrain 100 cent VI une formule de malédiction plutôt qu'une désignation particulière et personnelle de M. Torné comme prêtre traducteur. Ce sont là des faiblesses d'un auteur trop plein de lui-même que nous devons laisser aux prises avec ses critiques ; mais il y a loin de là à prétendre que les faiblesses d'un traducteur doivent infirmer la valeur des prophéties de M. de Notredame. Cette prétention nous paraît exorbitante et nous ne pouvons la souffrir. Aussi allons-nous chercher à découvrir la source des prophéties de M. de Notredame et à répandre la lumière sur ses sentiments et ses mobiles pour dissiper les préventions irréfléchies sinon injustes que M. Chabauty et ses adhérents conservent contre lui, jusqu'à ce qu'une acclamation immense vienne étouffer les voix discordantes et le proclamer enfin le grand prophète français.

M. Chabauty refuse à M. de Notredame le titre et la mission de prophète inspiré de Dieu. Pour le besoin de sa thèse, il prend à l'auteur quelques textes auxquels il attribue un sens contraire à leur véritable signification ; puis il part de là pour dire que M. de Notredame, prophétisant au moyen des lumières naturelles, n'est pas inspiré à l'instar des prophètes de la Bible et par suite ne mérite aucune créance.

M. de Notredame plaidera lui-même sa cause et se justifiera devant le public. Voici le début de ses Centuries :

Estant assis de nuict secret estude,
Seul reposé sur la selle d'airain :
Flambe exigue sortant de solitude,
Fait proférer qui n'est à croire vain.

« Me livrant en pleine nuit à l'étude des mystères de
» l'avenir, seul assis sur le trépied d'airain, une petite
» lumière qui provient de la toute-puissance de Dieu me
» pénètre et me fait annoncer des prophéties qui ne sont
» pas mensongères. (Cent. I, quat. 1er.) »

La verge en main mise au milieu de branches,
De l'onde il moulle et le limbe et le pied :
Un peur et voix frémissent par les manches,
Splendeur divine. Le divin près s'assied.

« La plume entre les doigts, je vais couvrir de prophé-

» ties une page entière depuis le haut jusqu'en bas; un
» doux et léger frisson parcourt mes os ; la fille de la voix
» se fait entendre, l'éclat de Dieu m'environne; Dieu
» s'assied près de moi et me dicte. (I. 2.) »

N'est-ce pas là le langage d'un prophète orthodoxe et inspiré?

Le voyez-vous dans le silence du cabinet, assis sur son siége de peine et de patience pour établir une espèce de concordance entre l'époque des événements qui lui étaient révélés et l'époque de telle conjonction ou de telle disposition des planètes dans leur révolution que la science astronomique lui permettait de déterminer, ou même pour ranger les événements sous les couleurs des métaux dans l'opération du grand œuvre. Dès qu'il a eu élevé son âme à Dieu par la prière, ainsi que Daniel, saint Jean et Zacharie, son corps est agité, ses os sont émus comme s'il sentait le froid d'un accès de fièvre, la fille de la voix se fait entendre et il sort de la sublime vision des secrets de Dieu pour prendre la plume et écrire aussitôt ses prophéties.

Suivant les livres hébreux : « Il est une vision quel-
» quefois imaginaire et spirituelle, c'est-à-dire vue par
» les yeux de l'esprit, quelquefois aussi corporelle et
» discernée par les yeux du corps appelée Bathkol, c'est-
» à-dire fille de la voix qui fait entendre au prophète
» comme de loin (προφημί, *procul fans. Isid.*) les choses
» annoncées, non toujours par une parole articulée,
» mais par l'apparence de certaines images et figures
» d'animaux et autres, le tout par forme d'énigme qu'il
» n'est pas donné à chacun d'interpréter à sa fantaisie,
» puisque les moindres mouvements, les postures, les
» couleurs, la ponctuation des choses proférées et jus-
» qu'aux moindres détails doivent être considérés, la
» plus petite omission pouvant faire perdre le sens de la

» prédiction. A l'instar des artistes en sculpture qui
» savent fondre en bronze, en pierre, en or, en argent
» ou autres matières une même figure, les prophètes
» illuminés de l'esprit de Dieu nous font entendre sa
» volonté sous différentes images qui leur ont été d'abord
» représentées et qu'ils ont clairement comprises. »

Ouvrons maintenant la lettre à César, son fils, § 7.

Combien que de longtemps par plusieurs fois, j'ai prédit longtemps auparavant ce que depuis est advenu et en particulières régions, attribuant le tout être fait par la vertu et inspiration divines et autres félices et sinistres adventures de accélérée promptitude prononcées que depuis sont avenues par les climals du monde.

C'est-à-dire : J'ai prédit plusieurs fois, sur le champ, longtemps avant leur accomplissement, en divers pays, d'heureuses et de sinistres aventures, grâce à la puissance de Dieu qui m'en inspirait la connaissance.

Ne voulant pas convenir que M. de Notredame, simple laïque, pût être inspiré de Dieu, ni qu'il dût sa connaissance de l'avenir à l'astrologie, dont les calculs n'ont jamais fourni de notions précises sur les noms propres, les nombres et les diverses circonstances des faits qui dépendent du libre-arbitre des hommes, ses envieux et ses détracteurs ont prétendu qu'il ne devait sa science qu'au démon, raisonnement spécieux que nous ne pouvons admettre. En effet, suivant le témoignage de l'Église, il n'est pas plus donné aux hommes qu'au démon de connaître soit par l'astrologie, soit d'une autre manière naturelle des noms, des nombres, des prodiges et des projets humains qui sont dans le néant. A Dieu seul est réservé le pouvoir d'embrasser d'un coup d'œil le passé, le présent et l'avenir et d'inspirer les prophètes.

M. de Notredame nous explique parfaitement dans

la lettre à César, son fils, § 12, 13, 14, comment la lumière divine tombe insensiblement du ciel dans l'esprit de celui qui prophétise.

Combien que, abscondisti hæc à sapientibus et prudentibus id est potentibus et regibus et enucleasti ea exiguis et tenuibus : *et aux prophètes par le moyen de Dieu immortel et des bons anges ont receu l'esprit de vaticination par lequel ils voyent les choses loingtaines et viennent à prévoir les futurs advénemens : car rien ne se peut parachever sans lui, ausquels si grande est la puissance et la bonté aux subjets que pendant qu'ils demeurent en eux, toutesfois aux autres effects subjects pour la similitude de la cause du bon genius, celle chaleur et puissance vaticinatrice s'approche de nous comme il nous advient des rayons du soleil qui viennent jettant leur influence aux corps élémentaires et non élémentaires. Quant à nous qui sommes humains ne pouvons rien de notre naturelle cognoissance et inclination d'engin, cognoistre des secrets obstruses de Dieu le créateur.* Quia non est nostrum noscere tempora, nec momenta, etc.

Le ministère des anges, dit-il, consiste à attirer par leurs saintes inspirations les hommes à la parfaite connaissance de Dieu. Comme le soleil darde imperceptiblement ses rayons et ses influences sur la terre, c'est-à-dire comme il ne frappe pas seulement de ses rayons tous les corps, mais qu'il les pénètre d'une certaine chaleur vivifiante qui fait pousser les végétaux et anime tout dans la nature ; ainsi le bon genius, c'est-à-dire le divin esprit, s'approchant imperceptiblement de nos intelligences, ne se contente pas de leur communiquer par ses lumières une autre lumière qui leur fait voir l'avenir, mais les pénètre d'une certaine chaleur qui nous anime et fait pousser au dehors comme par un enthousiasme sacré des vers prophétiques. Il s'empresse aussitôt de déclarer que l'homme ne peut pénétrer dans les secrets de Dieu, à moins d'être éclairé par lui, car il n'appartient pas aux hommes de connaître les temps et les moments de l'avenir, si Dieu ne les leur révèle. Poursuivant cette idée, il répète à satiété dans la même lettre, que la connaissance des choses qui dépendent du libre-arbitre des hommes ne peut s'acquérir ni par les augures humains, ni par les sciences humaines, ni par une vertu secrète quelconque, si ce n'est par une lumière appartenant à l'ordre de l'éternité. Il confesse que la science de l'avenir ne peut s'obtenir qu'à force de prières, et bien qu'il se reconnaisse le plus grand pécheur du monde, Dieu l'a favorisé du don de prophétie, malgré son indignité. D'où l'on peut déduire que l'astrologie judiciaire lui fut inutile pour faire ses prophéties ou du moins qu'il n'en usait qu'à la façon dont les hommes usent des sciences naturelles pour se fortifier de plus en plus dans les lumières de la foi et y puiser de nouvelles raisons d'admirer les merveilles de Dieu dans l'ordre et la disposition des choses célestes ; car, dit le Psalmiste, les cieux racontent la gloire de Dieu, et le firmament nous montre l'excellence des ouvrages de ses mains.

Pour nous convaincre de la réalité de sa mission de prophète, il nous explique savamment en quoi consiste la révélation de Dieu. C'est, dit-il, une certaine participation de l'éternité divine par laquelle l'homme vient à faire un juste discernement de ce que l'esprit de Dieu lui inspire. Cette participation de l'être divin n'est pas une communication de la puissance, ni de la durée de Dieu, mais seulement une certaine participation de la connaissance divine ; ou mieux, cette connaissance que Dieu nous communique, est bornée et ne s'étend qu'à un nombre d'événements déterminés. En effet, M. de Notredame compare cette participation à une petite flamme subtile et brillante qui dissipe les nuages de notre esprit et illumine notre entendement. Cette petite lumière qui provient de la toute-puissance de Dieu nous fait voir à découvert ce qui est renfermé dans l'étendue des cieux.

Voici ses expressions, § 39 :

Combien que le seul Dieu éternel soit celuy seul qui connaît l'éternité de sa lumière procédant de luy-même, et je dis franchement qu'à ceux à qui sa magnitude immense qui est sans mesure et incompréhensible a voulu par longue inspiration mélancolique révéler, que moyennant icelle cause occulte manifestée divinement principalement de deux causes principales qui sont comprinses à l'entendement de celui inspiré qui prophétise. L'une est que vient à infuser, éclaircissant lumière supernaturelle au personnage qui prédit par la doctrine des astres et prophétise par inspirée révélation, laquelle est une certaine participation de la divine éternité, moyennant le prophète vient à juger de cela que son divin esprit lui a donné par le moyen de Dieu le créateur et par une naturelle instigation; c'est à savoir que ce qu'il a prédit est vrai et a pris son origine éthéréenne.

C'est-à-dire : Il n'y a que Dieu à pouvoir pénétrer par ses propres lumières dans ses desseins éternels ; il lui arrive quelquefois cependant de révéler ses secrets à des personnes disposées à recevoir certaines grâces surnaturelles en même temps qu'elles sont naturellement versées dans la science des astres. Après nous avoir averti que tout cela se fait par le ministère de notre bon ange et par la permission de Dieu, M. de Notredame conclut que la prophétie est véritable puisqu'elle tire son origine et sa source de son éthéréement, c'est-à-dire de Dieu lui-même.

Les livres hébreux viennent confirmer ses assertions de la manière suivante : « Lorsque le Saint-Esprit veut
» faire prophétiser quelque chose à quelqu'un ou l'élever
» à la connaissance des choses cachées qui ne se peuvent
» connaître par la lumière naturelle, il imprime et ajoute
» à l'intellect-agent une plus grande lumière spirituelle;
» mais c'est par une manière passagère qui n'émeut et
» n'illumine qu'autant que dure la prophétique vision.
» Au moyen de cette lumière ajoutée, il change l'intel-
» ligence du prophète ordonnant et illustrant quelquefois
» les espèces reçues par les sens et en imprimant aussi
» quelquefois des espèces qui n'ont point été reçues par
» eux, comme s'il imprimait des espèces de couleurs
» dans l'imagination d'un aveugle-né, et cela, ou en
» dormant ou en veillant. »

Dans l'épître au roi dont il fait précéder ses trois dernières centuries, M. de Notredame déclare qu'il a prédit autant d'événements pour l'avenir que l'histoire du passé pouvait en contenir de son temps, et que le monde entier viendrait à reconnaître que ses prophéties sont vraies dans le moindre détail et qu'elles ne contiennent rien de superflu.

Combien, dit-il, *que plusieurs m'attribuent ce qui est purement de moi comme ce qui n'en est pas, mais Dieu éternel qui est le scrutateur des humains courages, pieux, juste et miséricordieux en est le vrai juge; lequel je prie qu'il veuille me défendre de la calomnie des méchants.*

Il ajoute un peu plus bas : *Cependant, si à la supputation des âges je faillais, ou ne pouvais être selon la volonté d'aucuns, plaira à votre plus qu'impériale Majesté me pardonner, protestant devant Dieu et ses saints que je ne prétends pas de mettre rien quelconque en la présente épître qui soit contraire à la*

*vraie foi catholique, me remettant sous la correction
du plus sain jugement.*

Il semble prendre Dieu à témoin de l'intégrité de sa
vie en l'appelant le *scrutateur des humains courages.*
Il le prie, comme juge de la pureté de ses intentions, de
vouloir bien le défendre contre toutes les imputations
calomnieuses de ses ennemis. L'ingénuité des paroles du
grand homme semble venir le justifier. *Si à la supputation des âges je faillais.* Il ne doutait certes pas
de la vérité des prophéties qui lui étaient inspirées, mais
il craignait de commettre des erreurs comme homme
dans les calculs auxquels il se livrait, pour sa propre
satisfaction, en essayant de faire concorder les époques
des événements révélés avec les époques de ses supputa-
tions astronomiques qui rentrent dans le domaine
des choses naturelles et sont par suite du ressort de
l'homme.

L'apôtre saint Thomas a bien douté de la présence
réelle de Notre-Seigneur Jésus-Christ ; serait-il donc
étonnant que M. de Notredame eût aussi douté de la vérité de ses divines inspirations, en ce qui touche l'époque
précise de l'accomplissement de ses prophéties ?

En voyant M. de Notredame abandonner ses écrits au
jugement de l'homme le plus éclairé et le plus honnête,
quel est donc le censeur qui ne se départira pas de sa
sévérité ? et quand il aura constaté la malice et l'injustice des accusations de ses ennemis, ne sera-t-il pas
porté à l'absoudre et à le réhabiliter ?

Enfin, oppose-t-on, M. de Notredame s'attribue le don
de prophétie que Dieu doit accorder plutôt à des personnes qui vivent saintement qu'à des pécheurs ! Qui
donc pourrait soutenir que M. de Notredame ne soit pas
un saint ? Combien de saints nous sont inconnus et cachés ? Le seul mal qu'on lui impute est d'avoir fait des

prophéties; mais jamais que nous sachions le titre de prophète n'a été un motif d'exclusion du Paradis. Le don de prophétie étant une faveur spéciale de Dieu, serait plutôt un signe de prédestination, et nous croirions d'autant plus volontiers à celle de M. de Notredame, que plusieurs de ses contemporains dignes de foi nous ont laissé par écrit des témoignages de sa vertu.

« Il a toujours vécu, disent-ils, en homme de bien et
» d'honneur; il n'a jamais été repris de la moindre faute ;
» il était estimé de tous les honnêtes gens de France et
» particulièrement de nos rois; il menait une vie très-
» régulière au milieu de sa famille, sans se mêler en
» rien des affaires du prochain; il avait si bien élevé ses
» enfants dans la crainte de Dieu, que l'un d'eux entra
» dans l'ordre des Capucins et y mourut. Ce grand homme
» assistait tous les jours au service divin; il aimait les
» prêtres et les religieux comme lui-même, à ce point
» qu'il voulut être enterré dans l'église des Cordeliers de
» Salon; il était d'ailleurs bienfaisant envers tout le
» monde, et enfin il est mort dans sa maison, muni des
» sacrements de l'Église, laissant ainsi une bonne odeur
» de sa vie et de ses mœurs au public qui le regretta
» fort, malgré toutes les calomnies dont quelques ennemis
» s'étaient efforcés de le noircir. »

M. de Notredame était pécheur sans doute en sa qualité d'homme, mais cela ne prouve nullement qu'il ne pût être prophète, parce que le don de prophétie n'est pas une grâce sanctifiante, mais seulement un don gratuit et surnaturel qui n'est pas incompatible avec le péché, à telles enseignes que les Sibylles, quoique païennes, ont prédit la venue de Jésus-Christ et les principales circonstances de sa vie et de sa mort, ainsi que la destruction du monde par le feu. L'Église a constaté ces prophéties dans la prose des morts, et saint

Thomas, l'ange de l'École, a fixé la doctrine sur cette question. (*Somme,* Q. 172 et 177.)

Le don de prophétie, dit le saint docteur, n'est attaché « à aucun sexe d'abord ; aussi a-t-il été accordé à des » femmes comme à des hommes, témoins Débora, Olila » et les filles de Philippe Diacre ; puis il peut être éga- » lement communiqué à des bons et à des méchants, car » c'est une lumière qui éclaire l'entendement, indépen- » damment de la grâce sanctifiante et de la charité qui » perfectionne la volonté. D'ailleurs, il n'a pas pour ob- » jet, à proprement parler, la sanctification du prophète, » mais bien l'utilité de l'Église comme une foule d'autres » grâces. Un homme peut donc être prophète, quoiqu'il » ne soit pas homme de bien, *et ideò prophetia potest* » *esse sine bonitate morum.* Jésus-Christ a fait res- » sortir cette vérité dans le dialogue qui, selon saint » Mathieu, aura lieu au jour du jugement entre lui et » les réprouvés. Seigneur, s'écrieront ceux-ci, n'avons- » nous pas prophétisé en votre nom ? Et il leur répondra : » Retirez-vous, je ne vous connais pas.

» Tout le monde sait que Balaam était un méchant » homme ; cependant, Dieu l'a choisi pour bénir son peuple » et pour prédire la naissance de son fils par ces paroles » si souvent répétées : *Orietur stella ex Jacob et con-* » *surget virga Israël.*

» Y eut-il un homme plus méchant que Caïphe ? toute- » fois, au témoignage de saint Jean, il prophétisa qu'un » homme devait mourir pour sauver tout le peuple.

» Saül ne valait guère mieux que lui lorsqu'il pour- » suivait David avec l'intention de le tuer, néanmoins, » dit l'Écriture, on l'entendit faire des prophéties quand » il se trouva au milieu des prophètes d'Israël.

» Enfin, dit saint Thomas, Dieu se sert quelquefois de » l'organe du démon pour nous faire connaître la vérité

» qui peut sortir de la bouche d'un païen aussi pure que
» l'eau de source sort de la bouche d'une gargouille.
» Les rayons du soleil ne sont pas moins éclatants après
» avoir traversé un tas d'immondices, qu'après avoir
» traversé un parterre de fleurs. »

Après tous ces exemples et mille autres, pourquoi voudrait-on dénier à M. de Notredame le pouvoir de faire des prophéties, lui qui avait un génie tout particulier pour les choses du ciel? et si le don de prophétie est octroyé à des pécheurs, pourquoi ne l'eût-il pas été à un homme de bien, à un catholique fervent comme M. de Notredame, qui s'efforçait de répondre à la grâce et de faire son salut? Ses préfaces, pleines d'actions de grâces à Dieu pour les faveurs qu'il en avait reçues et dont il se reconnaissait indigne, ne peuvent être le fait d'un sorcier, d'un astrologue ou d'un chrétien de mauvais aloi. Il n'est pas plus possible de soutenir, à son endroit, que la vérité de tant de prédictions soit plutôt l'œuvre du démon que celle de Dieu, qu'il ne serait convenable de mettre en parallèle le père du mensonge avec le père de la vérité, l'ange de lumière avec l'ange de ténèbres.

Bref, nous n'avons pas l'intention de faire passer M. de Notredame pour un saint, mais nous ne voulons pas davantage qu'il soit réputé pour un méchant homme. *In medio stat virtus,* dit Horace. Voiture avait bonne opinion d'un homme dont on disait un peu de mal, parce que cela n'arrive ordinairement qu'aux personnes de distinction. *Invidia virlutis comes,* dit un autre ancien. L'envie a toujours persécuté la vertu ; elle s'est attaquée même à la personne des plus grands saints. Ne voyons-nous pas une paille dans l'œil de notre voisin, tandis qu'une poutre, dans le nôtre, nous échappe? A Dieu seul cependant appartiennent le jugement, la punition et la récompense! Il est certain que dans ce monde, la calomnie et l'erreur font toujours leur chemin ; par contre la vérité éprouve les plus grandes difficultés à faire le sien. Enfin, l'accusation ne fait pas le crime, et de ce qu'un homme est signalé comme méchant, il ne s'ensuit pas qu'il le soit véritablement. Si le Sauveur n'eût jamais fait de miracles, il est probable que les Juifs ne l'eussent jamais traité de magicien ; il est à croire de même que si M. de Notredame n'avait jamais fait de prophéties, personne n'eût formulé contre lui le moindre reproche.

M. de Notredame croyait à la Providence divine ; il était catholique ; il glorifiait le principe de la légitimité ; il condamnait les protestants, les jansénistes et le prétendu droit révolutionnaire sous quelque nom qu'il se cachât ; il était enfin du côté de la vérité : c'en était assez pour mériter l'animosité de ceux qui vivent du mensonge et de l'erreur. Il est, dit Honoré de Balzac, dans les lâches et honteuses habitudes de ceux qui vivent de l'erreur de s'attaquer à la personne de ceux qui prêchent la vérité, parce qu'ils s'imaginent qu'en fermant la bouche à ceux qui la proclament, ils tueront inévitablement cette vérité ; ils s'imaginent qu'après avoir fait litière des principes de morale et de religion, s'ils immolent l'homme sage et religieux qui leur fait opposition, leurs instincts animaux n'auront plus d'entraves : mais le soleil de la vérité continue de briller et de verser des torrents de lumière sur ses obscurs persécuteurs.

Du moment où M. de Notredame ne pouvait faire ses prédictions ni par l'astrologie judiciaire, ni par les lumières du démon, il y a lieu de conclure qu'il était inspiré de Dieu, et c'est là notre manière de voir.

Dieu va d'ailleurs se charger de dissiper les ombres et de faire rendre justice à son prophète.

L'Œuvre principale de M. de Notredame est le poëme des *Centuries*, autour duquel gravitent plusieurs opuscules.

Deux empreintes divines signalent cette œuvre à l'attention.

1° Le poëme des Centuries, clos et scellé pour les intelligences, a eu cent vingt éditions. Comment expliquer humainement ces reproductions multipliées ? D'après le cours ordinaire des choses humaines, un livre lancé dans le public n'obtient plusieurs éditions qu'autant qu'il est lu, compris, goûté; s'il arrive à sa soixantième, il atteint le *nec plus ultrà* de la popularité.

Le divin procède par des voies extraordinaires, par des voies qui sont un sujet de stupéfaction pour notre pauvre raison. Le Christianisme s'est répandu par l'organe de pauvres pêcheurs, au milieu des contradictions et des supplices, en subjuguant toutes les puissances humaines coalisées contre lui. Le poëme des Centuries a obtenu cent vingt éditions sur la seule foi qu'il était l'œuvre d'un homme inspiré de Dieu et qu'il contenait des prophéties, mais aussi parce qu'il était dans les desseins de Dieu, que ce livre ne se perdît pas et qu'il pût être, à un moment donné, dans les bibliothèques, sous la main de tous les savants, pour témoigner de sa providence et de son action incessante dans les événements humains (1).

2° Le poëme des Centuries est une allégorie gréco-hermétique qui, sous ce triple voile, cache les secrets de la miséricorde et de la justice divine. Le mystère, voilà le

---

(1) Parmi les éditions anciennes on recherchera de préférence celle de Pierre Rigaud (Lyon, 1558-1566). Parmi les rééditions publiées depuis 1860 on demandera celle de Le Pelletier (Paris, 1867, 2 vol.). C'est la meilleure. Un texte sans erreur ne peut être donné que par le vrai traducteur.

cachet, voilà le sceau divin qui ne pouvait être levé qu'avec le secours d'en-haut. Grâce à un de ces rayons illuminateurs que Dieu projette, à son heure, sur ceux qu'il a choisis pour instruments, le poëme des Centuries va être ouvert pour tous les savants de bonne foi, pour les gens d'esprit qui savent séparer le noyau de la noix et voir les trésors sous le nuage qui les cachent, pour ceux qui, détachant leur esprit et leur cœur de la terre et des intérêts matériels, peuvent encore les élever en haut suivant leur noble destination. *Os homini sublimè dedit cœlumque tueri!* (Ovide.)

C'est à la vulgarisation de cette découverte que va s'employer le nouveau traducteur de M. de Notredame dans une série de publications qui suivra incessamment le présent fascicule.

DEUXIÈME PARTIE

LE TRADUCTEUR ET SON ŒUVRE

LE TRADUCTEUR DE M. DE NOTREDAME

IDENTIFIÉ A SON AUTEUR.

Le même esprit les inspire et conduit leur plume.
Soli Deo !

Je répandrai mon esprit sur toute chair ; vos fils et vos filles prophétiseront, vos vieillards seront instruits par des songes et vos jeunes gens auront des visions. (Joël, chap. 11, vers. 28.)

A chacun est donné la manifestation de l'esprit pour l'utilité : à l'un est donné la vertu d'opérer des miracles ; à un autre la prophétie ; à un autre le don des langues diverses ; à un autre l'interprétation des discours. Tous ces dons, c'est le seul et le même esprit qui les opère, les distribuant à chacun comme il veut. (1ʳᵉ aux Corinth., chap. XII, vers. 7, 10, 11.)

La simplicité du juste est une lampe méprisée dans les pensées des riches, mais préparée pour un temps marqué. (Job XII, 4, 5.)

Que personne donc, s'écrie saint Grégoire le Grand, ne méprise cette lampe pendant qu'elle est cachée, comme fit Hérode, de peur qu'elle ne brûle ses contempteurs quand elle luira du ciel.

LEGIS CAUTIO CONTRA INEPTOS CRITICOS.

—

Qui legent hosce versus maturè censunto :
Profanum vulgus et inscium ne attrectato :
Omnesque astrologi, blenni, barbari procul sunto,
Qui aliter faxit, is ritè sacer esto ! (Cent. VI. Quatr. 100.)

TRADUCTION :

Prescription de loi contre les critiques ineptes.

Que ceux qui liront ces vers veuillent bien en peser les expressions avec la maturité convenable. Que le vulgaire profane et ignorant n'y touche pas. Arrière tous les astrologues, les imbéciles et les gens sans grec ni latin. Celui qui fera autrement, qu'il soit maudit suivant les rites !

PIÈCES JUSTIFICATIVES.

1o Le troisième vers latin contient dans une édition le mot *blenni* tiré du grec βλεννος, qui bave sur tout, imbécile.

A l'article Gobioides des œuvres de Cuvier, on trouve les Blennies ou baveuses, espèces de poissons nommés ainsi du mot grec βλεννα, bave, à cause de l'enduit muqueux dont leur corps est constamment enduit.

Mais dans une autre édition le mot *blenni* est remplacé par le mot *sienni* qui paraît beaucoup plus énergique. *Sienni* est formé par le mot συς, porc, ενεος, imbécile. Il désignerait les gens qui regardent toujours à terre comme font les porcs, par suite d'une disposition particulière de l'organe visuel et qui, n'ayant d'aptitude que pour se gorger de victuailles, ne peuvent élever l'œil de leur intelligence jusqu'à la lumière des vérités de l'ordre spirituel.

6 janvier 1873 et 10 septembre 1877.

Mon cher Monsieur M.....

Qui je suis?

Connaissez-vous l'alcyon ou monnier (αλς κυων, qui fait son nid sur l'eau), oiseau qui fréquente de préférence le bord de la mer et des fleuves.

Aucun nom ne fut plus célèbre chez les Grecs. Ils appelaient alcyoniens les jours de calme où, pendant le solstice d'hiver, du 14 au 28 décembre, l'air et la mer sont tranquilles, jours précieux aux navigateurs durant lesquels les routes de la mer sont aussi sûres que celles de la terre. Ces mêmes jours étaient aussi le temps donné à l'alcyon pour faire son nid et élever ses petits.

L'alcyon ou martin-pêcheur, symbole de paix et de calme, est le plus bel oiseau de nos climats et il n'y en a aucun qu'on puisse lui comparer pour la netteté, la richesse et l'éclat des couleurs; elles ont les nuances de l'arc-en-ciel, le brillant de l'émail, le lustre de la soie. Le dessus de son corps est d'un vert d'aigue-marine, le dessous roux marron, sa gorge est blanche et ses joues sont rousses et vertes.

L'alcyon ne chante pas, il fait seulement entendre, en volant, un cri perçant.

Il vit solitaire au bord des eaux, perché sur une pierre, épiant, des heures durant, le passage de quelque poisson. Dès qu'il en aperçoit un, il fond dessus avec la rapidité de l'éclair et il ne se décide à avaler sa proie de son bec droit, pointu et quadrangulaire, que lorsqu'il l'a préalablement brisée.

« Aucune suffisance, dit Montaigne, n'a encore pu
» atteindre à la cognoissance de cette merveilleuse
» fabrique de quoi l'alcyon compose le nid pour ses pe-
» tits, ny en deviner la matière. Plutarque qui en avait
» veu et manié plusieurs, pense que ce soit des arrestes
» de quelque poisson, qu'elle conjoint et lie ensemble,
» les entrelaçant les uns de long, les autres de travers
» et adjoustant des courbes et des arrondissements telle-
» ment qu'enfin elle en forme un vaisseau rond prêt à
» voguer; puis, quand elle a parachevé de le construire,
» elle le porte au battement du flot marin, là où la
» mer le battant tout doucement lui enseigne à radouber
» ce qui n'est pas bien lié et à mieux fortifier aux en-
» droits où elle veoid que sa structure se desmet et se
» lasche par les coups de mer; et au contraire ce qui est
» bien joinct, le battement de mer le vous estreint et vous
» le serre, de sorte qu'il se peut ny rompre, ny dissoudre
» ou endommager à coups de pierre ni de fer, si ce n'est
» à toute peine; et ce qui plus est à admirer c'est la pro-
» portion et figure de concavité du dedans; car elle est
» composée et proportionnée de manière qu'elle ne peut
» recevoir ny admettre autre chose que l'oiseau qui l'a
» bastie. »

Comme l'oiseau dont je porte le nom, je suis apparu à
Nantes au solstice d'hiver, messager annonçant le calme
et la paix aux navigateurs lancés sur la mer du monde,
jetant à travers les airs le cri perçant que les échos répè-
teront, un de ces cris qui émotionnent et font rêver à
ces oiseaux sacrés que les anciens appelaient *langues* et
qu'ils regardaient comme les interprètes du ciel.

Je vis solitaire à Ingrandes-Montrelais, sur la rive de
la Loire, perché sur la Pierre de Bretagne, épiant durant
des heures entières, et dans une immobilité complète, le
passage de quelque auteur qui serve à l'aliment de mon

esprit et au soutien de mon œuvre. Dès que j'en aperçois un, je fonds dessus avec la rapidité de l'éclair, en plongeant dans son texte. Avant de dévorer la proie saisie, mon esprit la tourne et la retourne au moyen du bec de la plume, la bat contre la pierre de touche de mon jugement, puis, lorsqu'il la croit suffisamment préparée, il l'avale la tête la première.

Dieu sait que le nid porteur de ma progéniture est composé des arêtes (c'est-à-dire de la partie solide des auteurs qui m'ont servi d'aliment) agencées et liées ensemble de manière à former un vaisseau prêt à voguer; une fois construit, je le porte au battement du flot marin (j'entends de la critique salée) qui m'enseigne à compléter et à fortifier les endroits faibles de sa structure, afin qu'il puisse résister à tous les coups de mer.

J'ai parlé du flot marin, du sel de la critique.

Dites-le-moi, une chose salée n'est-elle pas à demi cuite pour sa digestion et sa conservation? Le sel enlève au sujet qui lui est soumis les superfluités corrompantes, il brûle l'onctuosité et les terrestréités restantes, puis il le cuit pour le conserver, lui donner de la saveur et aider à la digestion.

Je reste en admiration devant cette œuvre merveilleuse pour laquelle la Providence divine semble vouloir m'accepter comme instrument.

Si vous ne me reconnaissez pas à ce portrait, M. de Notredame me désignera dans ses Centuries composées, de 1550 à 1560, d'une façon tellement circonstanciée et positive que vous y verrez enfin le doigt de Dieu.

> *De fin porphyre profond collon trouvée*
> *Dessous la laze écrit capitolin.*
> *Os poil retors Romain force prouvée*
> *Classe agiter au port de Methelin.*   (IV. 32.)

TRADUCTION :

Le traducteur trouvera d'une manière providentielle le livre mystérieux recouvert en veau porphyrisé, encadré d'or, qui lui donnera la clef de l'écrit sibyllin. Lorsqu'il aura démontré à Rome la force de ce langage allégorique employé par les Grecs et par les Romains, alors le navire ou le Mercure s'agitera au port blanc pour continuer son voyage vers la couleur pourpre ou celle du soleil dans tout son éclat.

PIÈCES JUSTIFICATIVES :

1° *De fin porphyre.* — C'est-à-dire de la plus belle espèce de porphyre. Le porphyre (en grec : πορφυριος, πορος φυρω, veines mêlées), est un marbre tiré de la haute Egypte, dont la composition semble un mélange de quatre substances ; la principale, qui en fait comme la base et le fond, est d'un rouge éclatant, dans laquelle sont incrustés des morceaux de cristal, d'autres d'améthystes, les uns de couleur cendrée, les autres bleus, d'autres enfin noirs qui sont semés çà et là dans tout le corps de cette pierre. L'observation faite de ce mélange par les Egyptiens, les porta à choisir cette matière comme la plus propre à représenter les mystères de l'œuvre hermétique dont les trois principales sont : la noire, la blanche et la rouge. La couleur bleue précédant la noirceur. (P. Kircher).

Les Latins appelaient ce porphyre, pierre de Thèbes, et les Italiens, granito rosso. Les obélisques faits de ce marbre étaient couverts d'inscriptions hiéroglyphiques, et pour cela étaient appelés colonnes écrites. Rome possède onze de ces monuments, dont le plus grand est celui de la place de Saint-Jean-de-Latran. Paris a le sien sur la place de la Concorde.

2° *Profond collon trouvée.* — Une colonne pleine de mystères, voir *profundus.* C'est-à-dire un livre plein de mystères. Hermès l'Egyptien, qui est la sagesse, l'intelligence et l'écriture céleste, est aussi la colonne hiéroglyphique et l'alphabet sacré lui-même ; il est la colonne parlante dans le langage des prêtres comme dans celui du vulgaire. En effet, nous dit Proclus, des colonnes étaient en Egypte les dépositaires de toute science, et l'on sait que cette coutume passa de bonne heure dans Athènes, où des bornes, décorées du nom d'Hermès, offraient aux passants les saintes maximes de la morale et formaient une sorte de catéchisme populaire. Tout ce qui s'écrit est Hermès ; Hermès est le précepteur par excellence, le prophète et le scribe sacré. (GUIGNIAULT SUR CREUZER.)

3° *Dessous la laze écrit capitolin.* — Dessous la pierre (λας en grec), qui forme comme la couverture de ce livre, sera l'écrit sibyllin. Les écrits sibyllins ou capitolins étaient renfermés dans un coffre de pierre déposé dans un caveau du temple de Jupiter capitolin, à Rome.

4° *Os poil retors, Romain force prouvée.* — Langage allégorique que l'on retourne.

L'usage de faire parler aux yeux l'écriture comme le discours, est une expression naturelle de l'intelligence. Les symboles sont des idées pures, revêtues de formes corporelles. Il faut que le symbole soit expressif et précis, unissant la grâce et la beauté comme le firent les Grecs. L'allégorie, sens caché sous une figure, dit une chose et en signifie une autre (αλληγορια), l'allégorie renferme le mythe. Le symbole est une idée sensible et personnifiée. L'allégorie n'a rien d'instantané, on la voit et on y cherche un sens caché. (GUIGNIAULT SUR CREUZER.)

5° *Romain,* de Ρωμαιος, Romain.

6º *Classe.* — Vaisseau, navire désignant le Mercure, ainsi qu'on peut le voir en ma Clef de M. de Nostredame. (1872, Nantes, Mazeau.)

7º *Méthelin.* — Mitylène, aussi Métellin, du grec μιτυληνη, équivalant, d'après D. Calmet et Huré, à *munditia* ou *abstertio torcularis*, propreté, nettoiement du pressoir (μυττειν, nettoyer, ληνος, pressoir). Nous avons mieux en décomposant le mot μιτυληνη de la façon suivante : υλη, matière, νη pour ναιος, liquide noir, μυττειν, nettoyer, soit matière liquide noire nettoyée, c'est-à-dire blanchie. Mitylène est le nom de l'île qui porta le nom de Lesbos et de sa capitale ; elle était renommée par la qualité de ses blés. Ses farines y avaient une blancheur extraordinaire. C'est là où Mercure venait acheter la nourriture des Dieux. Les Ioniens l'avaient surnommée l'île blanche, l'île aux ponts de pierre blanche.

> *Le tant d'argent de Diane et Mercure*
> *Les simulachres au lac seront trouvés*
> *Le figulier cherchant argile neuve*
> *Lui et les siens d'or seront abreuvés.*   (IX. 12.)

Un artiste en cherchant la matière nouvelle de l'œuvre, trouvera que les expressions Diane et Mercure sont des couleurs que prend la matière dans le vase. Ce figulier, monnoyer ou monnier, et sa famille seront abreuvés de la rosée du ciel et des eaux de la grâce.

PIÈCES JUSTIFICATIVES :

1° *Les simulachres au lac seront trouvés.* — *Simulacra :* images, emblêmes, couleurs (Freund). — Le *lac* est le vase des philosophes contenant le mercure ; l'eau de ce vase n'a point d'issue comme celle d'un lac qui n'a de communication qu'avec les rivières qui s'y jettent.

2º *Le figulier cherchant argile neuve.* — L'artiste en métaux cherchant la matière nouvelle de l'œuvre. L'artiste qui travaillait les métaux ou le figulier, s'appelait autrefois monnoyer, aujourd'hui c'est monnier. (Vérification facile dans un livre sur la formation des noms propres tel que : *Nos noms expliqués*, paru dans le *Petit Moniteur* 1875.) D'ailleurs, monnaie, en latin *moneta*, est tiré de *monere*, avertir, parce que le type du prince ou la marque légale dont elle est empreinte, avertit qu'il n'y a point eu de fraude dans la fabrication. La monnaie est l'intermédiaire par excellence dans le commerce.—*Argile*. Les philosophes désignent par argile et terre la matière avec laquelle ils composaient leur vase. Ce vase qui deviendra la matrice de l'arbre doré, est le mercure dissolvant, élément de la terre. (Voir ma Clef, page 129.)

3º *Lui et les siens d'or seront abreuvés.* — Il faut entendre par or la lumière, la grâce divine, chose la plus précieuse du ciel. Dans le langage hermétique, l'or astral est la substance ignée communiquée par le soleil où Dieu a posé son tabernacle. *In sole posuit tabernaculum suum.* (Ps. 18.)

Cette rosée du ciel tombe sur le traducteur, puisqu'elle fait surgir dans son âme et dans son cœur la vérité divine, et qu'elle la lui fait enfanter dans ces écrits qui vont composer le corps de ses livres, et qui sont comme une incarnation scripturale du verbe de Dieu.

Elle tombe également sur sa famille, puisque déjà l'un de ses enfants est entré dans l'ordre de saint Dominique.

Dans la maison du traducteur de Bourc
Seront les lettres trouvées sur la table
Borgne, roux, blanc, chenu, tiendra de cours
Qui changera au nouveau connétable.   (IX. 1.)

On pourra voir l'interprétation des écrits prophétiques sur la table du traducteur qui habite une maison faisant partie d'un bourg situé sur la limite de la Bretagne et de l'Anjou. Le traducteur est très-myope, sa tête dépouillée ne présente plus que de rares cheveux châtains et blancs. Il donnera d'abord peu de liberté à sa plume, mais il changera d'allures sous Mac-Mahon, connétable d'un genre nouveau.

PIÈCES JUSTIFICATIVES :

1º *Bourc*. — Suivant Freund, *Burgus* vient du mot germain *Burg*, bourg, dont l'origine paraît être la même que celle de πυργος, tour, château-fort. — Isidore de Séville avait défini les bourgs : *Crebra per limites habitacula constituta burgos vocant*, c'est-à-dire maisons groupées sur les limites, les frontières. — Diez appelle bourg, un lieu ouvert, union de plusieurs maisons sans enceinte de murailles. — Végèce : *Castellum parvum quem burgum vocant*. — Hyp. Cocheris (Formation des noms de lieu, 1875) : Bur, Burch, Burg, d'abord citadelle, puis ville défendue par murailles et château-fort, n'a plus aujourd'hui que l'acception vague de localité.

La maison du traducteur fait partie d'un groupe de maisons situé sur la limite de la Bretagne et de l'Anjou. Elle est complétement enceinte de murailles comme une citadelle, et, pour y pénétrer, l'on est obligé de franchir une porte monumentale en briques jointes qui est comme la tour de cette citadelle.

2º *Borgne, roux, blanc, chenu*. — Borgne vient du mot italien *bornio :* qui a la vue basse. Le traducteur a la vue très-basse, il est extrêmement myope et même il a un œil beaucoup plus faible que l'autre : voilà pour la signification propre ; mais dans le langage figuré, le traducteur n'a besoin que d'un œil pour voir ce que les autres ne peuvent distinguer de leurs deux yeux, afin probablement de justifier le proverbe : Dans le royaume des aveugles, les borgnes sont rois. — *Roux.* Un homme roux est celui qui a les cheveux et le poil roux, c'est-à-dire châtains. Châtain se définit : roux plus ou moins vif, brun plus ou moins foncé. — *Blanc,* ses cheveux commencent à blanchir ainsi que sa barbe. — *Chenu,* il perd ses cheveux.

3e *Tiendra de court qui changera au nouveau connétable.* — Il donnera peu de liberté à sa plume tout d'abord, mais il changera d'allures sous Mac-Mahon, connétable d'un genre nouveau. Dès 1871, le traducteur avait reçu d'en haut la lumière qui lui était nécessaire pour l'interprétation, ainsi que peut en témoigner sa *Clef,* publiée en 1871. Bientôt après, succéda dans son esprit, un intervalle de ténèbres. Depuis le 1er septembre 1877, la lumière lui est revenue, et sa mission lui est confirmée par des signes écrasants d'évidence.

4º *Nouveau connétable.* — On appelait autrefois connétable un grand dignitaire de la couronne. Dès le XIIe siècle, il était l'administrateur et le généralissime de toutes les armées après le roi ; il avait sous ses ordres les princes du sang et les maréchaux de France. Mac-Mahon est bien un connétable d'un genre nouveau, inusité, inouï. Son gouvernement est un interrègne, un principat ; il a bien sous ses ordres les princes du sang, les maréchaux, mais il agit sans prendre les ordres du roi.

> *La lune au plein de nuict sur le haut Mont*
> *Le nouveau sophe d'un seul cerveau l'a veu*
> *Par ses disciples être immortel semond*
> *Yeux au midi, en seins mains, corps au feu.* (IV. 31.)

Pendant le règne de Saturne ou de la noirceur, le nouveau philosophe hermétique ou le contemplateur par lequel on entend les prophètes, de Montrelais sa résidence, avec le secours de Dieu, unique intelligence, verra Henri V à l'état de lune. Il sera proclamé immortel par ses disciples, alors que les yeux fixés au midi, c'est-à-dire vers le point d'où vient le Christ apportant la chaleur et la lumière aux fidèles (*Deus veniet ab austro*), il aura les bras croisés sur la poitrine, c'est-à-dire dans la position d'un homme qui attend, corps au feu, le corps couvert d'une éruption brûlante. — Ou bien alors, qu'entouré du luminaire des funérailles (corps au feu), il aura les yeux tournés vers le midi (dans l'église mal orientée de Notre-Dame-du-Frêne), les mains croisées sur la poitrine.

PIÈCES JUSTIFICATIVES.

1° *Au plein de nuict.* — C'est-à-dire sous le règne de Saturne ou de la noirceur. (Voir ma Clef, page 204.)

2° *Le nouveau sophe.* — Le nouveau philosophe hermétique. Sophe vient aussi de *sophim*, mot hébreu, équivalant à *speculator*, homme qui contemple, par lequel on entend les prophètes. (HURÉ.) Il s'appelle Aristide, d'αριστος, sage.

3° *Sur le haut Mont.* — C'est-à-dire Montrelais. La majuscule de Mont indique bien un nom propre. Au *Dictionnaire de Bretagne,* d'Ogé, réédité en 1843 par M. Marteville, on lit à l'article Morlaix : Aucune étymologie de Morlaix ne paraît satisfaisante, si ce n'est celle de *Mons relaxus,* qui donnerait à Morlaix la même étymologie qu'à Montrelais, c'est-à-dire mont élevé : on dit aujourd'hui coteau. Au même dictionnaire, on trouve cette étymologie confirmée à l'article Montrelais.

4° *La Lune.* — Henri V à l'état de lune. (Voir ma Clef.)

5° *D'un seul cerveau l'a veu.* — L'un, c'est Dieu, seul et unique en toutes choses. Selon saint Augustin, l'unité comme principe ne peut se trouver dans les êtres matériels qui sont composés de parties, divisibles par conséquent et multiples par cela même dans leur essence. Dieu est donc la seule unité véritable. C'est de lui, être unique de sa nature, que découle le principe de l'unité. (Abbé AUBER.)

Dans une épître de saint Paul aux Romains, nous lisons que Dieu a dévoilé aux philosophes anciens ce qui peut se connaître de lui naturellement, car depuis la création du monde, l'œil de leur intelligence a vu par le miroir des réalités visibles ses perfections infinies.

6° *Semond,* du grec σημ.ων, proclamé.

> *La bande faible la terre occupera*
> *Ceux du haut lieu feront horribles cris*
> *Le gros troupeau d'être coin troublera*
> *Tombe près Dinebro descouverts les écrits.* (VIII. 56.)

Lorsque la bande faible des justes, des gens de bien, des fidèles à la royauté, à qui on aura ôté son âme, c'est-à-dire son roi catholique, réduite à l'état de mort, de Saturne, occupera la terre de Mercure (φραζω, la France) ou le vase ; lorsque cette élite de la nation qui siége sur les hauteurs (volatilisée), jettera des cris vers Dieu en lui demandant son esprit et son âme, afin de la délivrer de son infirmité, de la blanchir et de la perfectionner ; lorsque la masse, livrée à la Révolution et aux voluptés du siècle, comme un troupeau de bêtes, craindra d'être dissoute, mise en cendres et reléguée dans un coin, ou de voir son autorité ruinée, alors les écrits prophétiques auront été expliqués par Monnier de Montrelais-lez-Ingrandes.

PIÈCES JUSTIFICATIVES.

1° L'Hermétique et l'Écriture-Sainte se prêtent la main pour expliquer les trois premiers vers.

D'après l'Hermétique, le mixte, le corps auquel on a ôté son humidité (son âme) devient semblable à un mort (Saturne) quand on l'abandonne pendant la nuit; alors cette nature a besoin de feu. A ce moyen, Dieu lui rend son esprit et son âme, la délivre de son infirmité et cette nature se perfectionne au moyen du feu et devient Jupiter.

La matière en putréfaction étant au fond du vase, les parties volatiles qui montent en haut, signifiées par les muses avec lesquelles l'Apollon des philosophes se volatilise, retombent sur la matière qui est au fond pour la pénétrer et la dissoudre. (Voir ma Clef.)

La matière aurifique se volatilise avec la partie mercurielle aqueuse. Les parties pures et les parties impures se combattent; mais les géants et Typhon sont vaincus.

Les commentateurs du langage des Écritures tels qu'Huré, et ceux qui, à l'exemple du cardinal Pitra en son Spiciligium, ont réuni les symboles de la langue sacrée, nous disent que les justes, les gens de bien sont désignés par les brebis et les chèvres, πρόϐατον, et sont appelés : petit troupeau. Le gros troupeau se compose des bœufs, des ânes et des chevaux, *pecora,* symbolisant les gens livrés aux voluptés du siècle. *Pecus à pascendo, ad vescendum aptum. Jumenta* représentent les gens matériels.

2° *D'être coin troublera.* — Nous ne pouvons mieux faire que de donner à coin la signification de *cuniada, securis,* comme Diez, et de traduire, être coin par : être soumis à la hache, au figuré, voir son autorité dissoute, ruinée.

3° *Tombe près Dinebro*. — Dans tous les dialectes de la langue appartenant à la race dite indo-européenne, les syllabes *tun* et *dun* sont les radicaux de mots qui expriment l'élévation, la hauteur, soit naturelle, soit artificielle. Ainsi : Tumulus, Dom, Tunis, ville en amphithéâtre. Tombe a pour radical Tun, et signifie élévation, répondant à Montrelais, dont l'étymologie, ainsi que nous l'avons vu, est Mons relaxus, mont élevé. — Tombe, en grec τυμβη, élévation, répond aussi à Monnières, près Nantes, que les Celtes appelèrent ainsi à cause de sa situation sur une élévation (mon-er).

Près Dinebro. — En celtique, Dun, en composition, Din signifie, comme nous venons de le voir : élévation.— *Ebro,* en celtique, se traduit par entrée, ouverture. Quel mot pourrait mieux désigner Ingrandes que jusqu'ici presque tous les étymologistes font venir d'*Ingressus*, pour signifier l'entrée de la Bretagne et de l'Anjou. Nous n'avons pas à nous étonner de l'emploi du celtique dans la formation des noms, car presque tous les noms de lieu en France ont été donnés par les Celtes ses premiers habitants, puis postérieurement habillés à la romaine. Dans *Dinebro,* nous avons la réunion de Montrelais-Ingrandes, ne formant effectivement qu'une agglomération de populations administrées par des préfets différents.

Notre raisonnement n'est pas si futile qu'on pourrait le penser, car il s'appuie sur l'opinion des maîtres en langue celtique : Bullet et Roget de Belloguet, qui donnent à Embrun Ebrodunum la même étymologie, la même signification de passage, d'entrée sur une élévation.

> *Quand l'écriture D. M. trouvée*
> *Et cave antique à lampe descouverte*
> *Loy-Roy et prince Ulpian esprouvée.*
> *Pavillon, Royne et duc sous la couverte.* (VIII. 66.)

Lorsque les écrits de Monnier de Montrelais-lez-Ingrandes seront mis au jour, et que le monument antique où la lampe ardente de la prophétie était enfouie aura été ouvert, alors Henri V, la loi vivante et le remède à tous les maux, aura subi toutes ses épreuves, et il sera prêt à paraître sous la couleur grise, c'est-à-dire de Jupiter avec son drapeau.

PIÈCES JUSTIFICATIVES.

1° *Cave antique à lampe descouverte.* — Cave, profond, *cavus,* nous renvoie au quatrain 32 de la IX⁰ Centurie : De fin porphyre profond collon trouvée.

2° *Loy-Roy.* — Le roi est celui qui impose la loi. Le mot *rex* n'est que la contraction des deux mots *regere* et *lex.* Le roi est la loi vivante. On a cru qu'une assemblée possédait plus d'esprit : c'est l'esprit qui perd les nations : c'est une volonté qu'il leur faut. (BLANC DE SAINT-BONNET.)

Nous lisons au Deutéronome 33, vers 5-26 : *Erit apud rectissimum Rex :* la loi tiendra lieu de roi dans Jacob tant qu'il aura le cœur droit; puis au psaume 59-9 : C'est dans la tribu royale de Juda où se feront les lois pour le gouvernement du royaume.

3° *Prince Ulpian.* — Mots expliqués au quatrain suivant.

4° *Esprouvée.* — Subir épreuves.

5° *Pavillon, Royne et duc sous la couverte.* — Ce passage se trouve éclairci complétement aux mots Saturne et Jupiter de ma *Clef.*

> *Sous les antiques édifices vestaux*
> *Non esloignés d'acqueduc ruyné*
> *De sol et lune sont les luisants métaux*
> *Ardente lampe Trajan d'or buriné.* (V. 66.)

Les secrets du ciel et de la terre (trésors cachés d'Isaïe)
sont dans les livres antiques et sacrés de l'Église romaine
en ruines et surtout dans l'Apocalypse, le dernier des livres
canoniques, composé par saint Jean sous l'empereur Trajan. C'est là le corps, le champ où a été semé, fixé
l'Esprit-Saint.

PIÈCES JUSTIFICATIVES.

1° *Non esloignés d'acqueduc ruyné.* — L'Église est
l'acqueduc, le véhicule, le canal, le conduit des grâces.

2° *Sous les antiques édifices vestaux.* — Mettez un
livre dans son vrai sens, le dernier chapitre sera dessous. Il
en sera ainsi pour l'Apocalypse, c'est le dernier des livres
saints. C'est aussi sous le corps des écritures que la vérité
divine est cachée. *Les édifices vestaux* sont bien les
livres saints, monuments construits par l'Esprit-Saint
ou sous son inspiration. *Vesta,* c'est le feu allumé sur
la terre dont la source est au ciel.

3° *De sol et lune sont les luisants métaux.* Sol et
lune sont bien le ciel et la terre. L'or ou le soleil est le
plus incorruptible des métaux, le plus brillant. L'argent
ou la lune, matière qui reçoit son éclat du soleil. L'humanité qui reçoit son éclat de la divinité. La lune représente bien la terre et les choses terrestres sujettes à tant
de variations. Ces secrets du ciel et de la terre sont bien
aussi les secrets du Messie, dont la divinité est renfermée
dans l'humanité (l'or pur d'Evilath renfermé dans l'argent) ou les secrets de la miséricorde et de la justice.
L'or dans l'argent sont des trésors du lis, fleur privilégiée
de l'Église et des Bourbons. — *Dilectus meus condidus
et rubicundus qui pascitur inter lilia.* (Cant. des C., 5
et 6.)

Ces secrets contenus dans l'Apocalypse de saint Jean développée par M. de Notredame, concernent notamment la régénération de la France et de l'Église par l'entremise d'Henri V, soleil-lune.

4° *Ardente lampe Trajan d'or buriné.* — Le Saint-Esprit a été fixé, semé dans le corps, dans le champ de l'Apocalypse. La lampe divine a été burinée sous Trajan, de l'an 98 à 117, par saint Jean, l'apôtre bien-aimé du Messie par excellence, choisi pour définir la Trinité et pour parler des choses célestes avec tant de sublimité (voir ma *Clef*, page 57). Il a bien été le saint brûlant des feux du Saint-Esprit et écrivant sous sa dictée; aussi a-t-il été appelé la lampe ardente et luisante : ardente par le feu de sa charité et par son zèle pour la vérité ; luisante par sa doctrine et par l'exemple de sa vie. C'est lui l'artiste, le laboureur qui a semé le Saint-Esprit. Saint, lumière lui-même, il a travaillé avec la lumière, il a été spiritualisé par le Saint-Esprit. Trajan, traja, se dit pour tria, être composé de trois : corps, âme, esprit ; devenu saint, spirituel en opérant sur sa propre matière.

Trajan était de la célèbre famille Ulpienne. Ulpia signifie : or potable, ὑλη, matière, πίω qui se boit, ou ουλος, πίος, boisson qui guérit, pierre parfaite.

Trajan s'appelait : *Marcus Trajanus, Ulpianus, Crinitus*, c'est-à-dire : *Trajanus,* composé de trois ; *Marcus,* qu'il faut dissoudre (*Marceo, Marcesco*) ; *Crinitus*, chevelu, qu'il faut volatiliser, mettre à découvert ; *Ulpanius*, or potable, afin d'en faire l'or potable.

On le cite comme un prince accompli et on le propose comme un modèle aux chefs de gouvernement.

Cette lampe ardente de la prophétie va se trouver en définitive burinée avec la lumière par trois personnes : (Trajan) saint Jean, M. de Notredame et Monnier.

Apparaistra temple luysant orné
La lampe et cierge à Born et à Breteuil
Pour la lucerne le canton destorné
Quand on verra le grand coq au cercueil. (VIII. 5)

La lampe et le cierge, c'est-à-dire saint Jean et M. de Notredame, donneront une lumière circonscrite et peu éclatante encore lorsque le vase apparaîtra brillant, orné, resplendissant des couleurs de l'iris, arc-en-ciel formé par le coup-d'œil et l'ensemble de l'accoutrement de Jupiter qui commencera à se montrer, c'est-à-dire au moment où la matière dissoute se dispose à la volatilisation ; mais cette lumière cantonnée jusque-là comme sous un boisseau sera placée pour tous sur le chandelier au jour où Pie IX sera vu au cercueil.

PIÈCES JUSTIFICATIVES.

1° *Lampe et cierge.* — Saint Jean est la lampe ardente de la prophétie ; M. de Notredame, lumière plus faible, est assimilé à un cierge.

2° *A Born et à Breteuil.* — Born voile le mot grec βορεας pour ορος, racine ορ contenant l'idée de limite, de borne. Breteuil voile le mot βρίθος, βρίζω contenant l'idée d'engourdissement, de sommeil.

3° *Apparaistra temple luisant orné.* — Temple, *Templum,* suivant Isidore de Séville, a la signification de *Tectum amplum.* Funger croit qu'il vient de *à contemplando,* l'emplacement du temple demande à être débarrassé de tout obstacle pour les yeux. Ce mot répond à Sion (héb. Tsion), *specula,* lieu d'observation d'où l'on découvre au loin ce qui se passe. — Sion de Juda était une montagne célèbre dans la ville de Jérusalem où était bâti le temple du Seigneur et où se trouvait aussi le palais

de David et de ses successeurs. La royauté véritable et la
la religion se donnent la main. *Veniet ex Sion qui eri-*
piat (Rom. c. 9, 33) : Un sauveur viendra de Sion, c'est-
à-dire du peuple juif et de leur église.

Templum, dit aussi ναος en grec, pourrait venir de
τεμενος ou de l'hébreu *Tephilla,* prière, plutôt que de
tueri. Il a commencé néanmoins d'être en usage pour
marquer les endroits que les augures désignaient dans
l'air ou sur la terre, afin de considérer le vol des oiseaux,
puisqu'il a été donné aux lieux consacrés aux idoles,
ensuite au temple consacré à Dieu, parmi les Juifs, enfin
aux églises des chrétiens et par métaphore à l'Église,
c'est-à-dire à l'assemblée des fidèles. (HURÉ.)

Résumant toutes ces idées, notre mot *templum* signi-
fiera : La France, terre de prédilection du Seigneur,
comme Juda — terre catholique et monarchique par
excellence — le vase où doit se faire le grand œuvre,
où l'on observera les oiseaux et où l'on apprendra leur
langage.

Luysant orné.— La France, le vase où se fait l'œuvre,
apparaîtra luisant orné, c'est-à-dire brillant des couleurs
de l'iris ou arc-en-ciel. — *Luysant orné* rappellent une
parole de saint Ambroise agréable à entendre (Hexam.
9.) : Si la lumière vient à nous manquer, il n'y a plus de
joie, plus d'ornement dans notre maison, car c'est elle
qui nous permet d'admirer toutes les choses curieuses
qui s'y trouvent. Emprunt fait à Homère selon Suidas :

Αἴθο μεν ουδε πυρος γεραρωτερος οἴκος ἰδεασθαι

Il n'y a rien pour orner et réjouir une maison comme
un feu brillant.

Aussi au moment où Jupiter paraît, la lumière se fait
et montre à l'artiste joyeux toutes les couleurs qui vont
suivre.

4° *Pour la lucerne le canton destorné.* — Reproduction d'un texte de saint Marc, ch. IV, vers. 21, et de saint Luc, X, 33, I : La lumière ne se pose pas sous le boisseau mais bien sur le chandelier.

5° *Quand on verra le grand coq au cercueil.* — Chez le peuple chrétien le coq a son rôle. Ce fut lui qui, chez le grand-prêtre Caïphe, rappela à son devoir l'apôtre Pierre qui venait de renier trois fois son maître. Placé au sommet des clochers, le coq désigne le docteur toujours prêt à instruire le peuple. Selon d'autres, il doit avertir le prêtre qui est le coq de Dieu de sonner la cloche pour appeler à Matines ceux que retient le sommeil. Le grand coq est donc le Pape.

Æterni gallus qui nobis mane diei
Nuntiat, est doctor sancta canens.

Processum noctis protestatur voce profundiora, nocte altiùs et diutiùs et insolentiùs clamat; appropinquante die omnia temperantius agit. (SPICIL. SOLESM.)

Jamais aucun Pape n'avait publié autant d'encycliques, n'avait prononcé autant d'allocutions que Pie IX pendant la nuit où nous sommes.

Dans l'Écriture sainte le chrétien est comparé au petit poussin et l'Église à la poule. *Quoties volui congregare filios tuos sicut gallina congregat pullos suos sub alis suis.*

Comme Dieu est le soleil du monde intelligible et divin, le pape est le soleil du monde céleste ou des âmes et le roi est le soleil du monde terrestre ou de la France.

En hermétique, le grand coq est la matière parfaite au rouge, et rien d'excellent comme le pape.

Le Roy rusé entendra ses embusches
De trois quartiers ennemis assaillir
Un nombre estrange larmes de coqueluche
Viendra lemprin du traducteur saillir. (IX. 81.)

Saturne, le roi rusé, dressera ses manœuvres de guerre de manière à attaquer l'ennemi qui se présente (les Titans) en trois partis, celui des bonapartistes, celui des orléanistes et celui des républicains. Alors qu'on versera des larmes outre mesure comme si on était atteint de la coqueluche, la lumière de la prophétie commencera à briller par l'intermédiaire du traducteur.

PIÈCES JUSTIFICATIVES.

1º *Le Roy rusé.* — Voir le portrait de Saturne en ma *Clef*.

2ª *Entendra ses embusches.* — *Intendere,* dresser, diriger. — Embusche, de l'italien *imboscare*, aposter dans un bois des personnes chargées de surprendre l'ennemi. *Tendere insidias*, épier l'occasion (HURÉ), mettre ses ruses en action contre ses ennemis.

3° *Nombre estrange larmes de coqueluche.* — Un nombre dépassant toute mesure de larmes de coqueluche, larmes comme en fait couler la coqueluche, c'est-à-dire provenant d'un état maladif, anormal.

4° *Lemprin.* — Λαμπρος, brillant. — La lumière de la prophétie commencera à briller par l'intermédiaire du traducteur.

Le divin Verbe donna à la substance
Comprins ciel terre, or occult au faict mystique
Corps, âme, esprit ayant toute puissance
Tant sous ses pieds comme au siége célique. (III. 2.)

L'interprète de la prophétie, Hermès, au moyen de l'opération du grand œuvre, saura produire l'or caché renfermé dans la matière qui comprend le ciel et la terre et qui a corps, âme et esprit. Au cours de l'opération, cette matière recevra la force des choses supérieures et inférieures et deviendra la force des forces.

PIÈCES JUSTIFICATIVES.

1° *Le divin verbe.* — L'interprète des écrits inspirés, Hermès, απο τυυ ερειν, *nuntius,* qui annonce. Ερω, ειρω a fait ερμης, ερμα, parole, comme *sero* a fait *sermo.*

2° *Donnera à la substance or occult au fait mystique.* — Par l'opération mystérieuse produira l'or caché dans la matière.

3° *Substance comprins ciel, terre, corps, âme, esprit.*

Naissance de l'esprit et du mercure.

Nous croyons tous à un Dieu en trois personnes (père, fils et Saint-Esprit), qui a créé le monde à son image, le grand monde qui est l'univers et le petit monde qui est l'homme.

L'homme est composé d'un corps, d'une âme et d'un esprit. Saint Justin nous signale le corps comme la demeure de l'âme et l'âme comme la demeure de l'esprit. Lorsque les saints Pères font mention du corps, de l'âme et de l'esprit, c'est l'homme spirituel et non l'homme naturel qu'ils analysent ; dès lors, ils retrouvent en lui non pas seulement les deux éléments qui concourent à former sa nature, mais aussi l'esprit saint qu'ils considèrent en quelque sorte comme une partie intégrante du juste, tant à leurs yeux l'union est intime ; ou bien ils appellent esprit, non pas une nouvelle substance, mais

l'âme elle-même en tant que transformée par la divinité
qui lui est présente. La preuve en est que toutes les fois
qu'il s'agit de l'homme pécheur, on ne retrouve plus ce
troisième élément. (Ma Clef, page 364.)

Dieu fit de limon le corps de l'homme et mit dans ce
corps une âme spirituelle. Par Adam pécheur, la concupiscence a coulé dans l'humanité; par Jésus-Christ médiateur, la grâce a fait retour dans cette même humanité.
Par la génération charnelle d'Adam, nous naissons es-
claves du mal, enfants de malice et de perdition ; par la
régénération sacramentelle de Jésus-Christ, nous renais-
sons purifiés, nous redevenons libres enfants de justice
et d'immortalité. C'est là toute l'économie du plan divin.

Le Saint-Esprit est le médiateur entre le ciel et la
terre, et c'est lui qui, au moyen de l'eau et du feu, transforme le monde dans toutes les régénérations. C'est le
divin ouvrier qui unit le ciel et la terre. C'est le mercure
qui volatilise le fixe et qui fixe le volatil. C'est Vulcain
qui fend la tête à Jupiter pour en faire naître Minerve-
Athêne (αθ contenant l'idée de fleur, ηνα d'ανυω, accom-
plie). — Voir détail à notre troisième Partie.

La pierre des philosophes, ainsi que l'homme, est
composée de trois parties : d'un corps, d'une âme et d'un
esprit. Le corps imparfait s'appelle corps, le ferment
âme et l'eau esprit. Le corps imparfait est pesant, infirme
et mort, l'eau le purge et le purifie en le subtilisant et
en le blanchissant; le ferment procure la vie au corps et
lui donne une meilleure forme. Le corps est Vénus ou la
femelle, l'esprit est Mercure ou le mâle, et l'âme est
composée du soleil et de la lune.

Il n'y a qu'une pierre ; cette chose unique n'est pas une
en nombre mais en genre ; comme le mâle et la femelle
sont seuls suffisants pour engendrer, de même la pierre
des philosophes se fait de deux choses, de l'esprit et de

l'âme, qui sont le soleil et la lune ; on y ajoute une troisième, le corps métallique, sans que ce nombre de deux en soit augmenté, parce que ce corps métallique est composé des deux autres. Dans le composé se trouvent le soleil et la lune, en vertu et en puissance, et le mercure en nature.

Voulez-vous fabriquer du verre ordinaire ? Apprenez à fixer la soude avec le sable. Filtrez de la soude, après dissolution dans de l'eau chaude, faites évaporer l'eau, congelez le résidu en sel alcali, mêlez-y alors des cailloux préparés, en réduisant le tout au four, vous obtiendrez le verre. Tout le secret consiste à volatiliser le fixe et à fixer le volatil. (Voir troisième Partie.)

Pour obtenir la pierre philosophale, il n'est besoin que de savoir changer la terre en eau, l'eau en air et l'air en feu: autrement volatiliser le fixe et fixer le volatil.

Devant une pareille besogne, je vous vois, cher lecteur et ami, retirer le front. Sans doute que pour y réussir, il faut savoir autre chose que pêcher des grenouilles, mettre du vin en bouteille, ou même compter jusqu'à cent, petits talents dont plusieurs s'enorgueillissent et se font des piédestaux ; mais ne vous effrayez pas, suivez-moi, laissez-vous conduire, le flambeau de la science à la main, avec un certain abandon et une certaine docilité, et avant un an, si Dieu me prête vie, vous saurez comme moi parler le langage des oiseaux et manger le serpent. Tout cela ne sera plus alors pour nous qu'un jeu d'enfants.

Je ne chercherai pas tout d'abord à tirer absolument le rideau placé par les philosophes hermétiques sur leur œuvre, car les sages n'auraient plus d'avantage sur les ignorants, et ce serait grand pitié de voir que les uns et les autres fussent sur-le-champ également habiles dans cet art merveilleux ! Là où il n'y a aucune peine, il n'y a aucun mérite. Aussi je renoncerai facilement au suffrage de ces étourdis et de ces écervelés, toujours pressés, qui enfourcheraient volontiers le fil télégraphique pour arriver plus vite au but, pourvu qu'un certain nombre de gens sérieux veuillent bien m'accompagner à pas mesurés.

Après avoir admis une mutuelle correspondance entre le ciel et la terre par le moyen du soleil et de la lune, qui sont les liens de l'union philosophique :

Ils verront, dans la pratique de l'œuvre, deux ruisseaux paraboliques qui, se confondant secrètement ensemble, donnent naissance à la mystérieuse pierre triangulaire qui est le fondement de l'art ;

Ils verront un feu secret et naturel, dont l'esprit pénétrant la pierre, la sublime en vapeurs qui se condensent dans le vaisseau ;

Ils verront quelle efficace la pierre sublimée reçoit du soleil et de la lune qui en sont le père et la mère, et par lesquels elle obtient la première couronne de perfection.

Ils verront, dans la suite de l'opération, que l'art donne à cette divine liqueur une double couronne de perfection par la conversion des éléments et par l'extraction et la dépuration des principes, par où elle devient ce mystérieux caducée de Mercure qui opère de si surprenantes métamorphoses ;

Ils verront que ce même Mercure, comme un Phénix qui prend une nouvelle naissance dans le feu, parvient par le magistère à la dernière perfection de soufre fixe des philosophes, qui lui donne un pouvoir souverain sur les trois genres de la nature dont la triple couronne sur laquelle on pose pour cet effet le globe du monde est le plus essentiel caractère.

Le président d'Espagnet a décrit admirablement l'opération du magistère. (Voir ma Clef, page 132.)

Le quatrain que nous étudions n'est qu'un résumé du passage suivant de la Table d'Emeraude d'Hermès :

« Tu sépareras la terre du feu, le subtil de l'épais, doucement, avec grande industrie.

» Il monte de la terre au ciel et de ce chef il descend en terre et il reçoit la force des choses supérieures et inférieures.

» Tu auras par ce moyen la gloire de tout le monde, et pour cela toute obscurité s'enfuira de toi.

» C'est la force forte de toute force, car elle vaincra toute chose subtile et pénétrera toute chose solide.

» Ainsi le monde a été créé. »

> *Le divin verbe sera du ciel frappé*
> *Qu'il ne pourra procéder plus avant :*
> *Du résérant le secret estoupé*
> *Qu'on marchera par dessus et devant.*   (II. 27.)

L'interprète de la prophétie, pour des raisons que lui seul connaît, sera frappé d'aveuglement par le très-haut et arrêté dans son travail, ainsi qu'il a été dit plus haut (IX. 1). Le sceau qu'il avait levé sera posé de nouveau, de manière qu'on ne fera plus que marcher par dessus la prophétie sans y rien comprendre.

PIÈCES JUSTIFICATIVES :

1° *Résérant.* — Participe présent du verbe résérer, *reserare,* ouvrir, dévoiler, révéler.

2° *Estoupé.* — Mot roman signifiant : cacher, fermer, obstruer.

> *Le Pénultiesme du surnom de prophète*
> *Prendra Diane pour son jour et repos.*
> *Loing vaguera par frénétique teste*
> *Et délivrant un grand peuple d'impôts.*   (28. II.)

L'avant-dernier de ceux à qui l'on donnera le surnom de prophète arrivera au port du salut, à la fin de son exil, c'est-à-dire à la naissance à une vie qui ne doit plus s'éteindre (*dies natalis*), alors que le roi sera à l'état de lune. Sous l'inspiration de l'Esprit-Saint, il aura porté sa vue bien loin dans l'avenir, afin de délivrer le peuple français de toutes les charges et misères dont il est accablé.

Ce quatrain s'explique seul, sans qu'il soit besoin de commentaires.

> *Du grand prophète les lettres seront prinses*
> *Entre les mains du tyran deviendront :*
> *Frauder son roy seront ses entreprinses*
> *Mais ses rapines bientost le troubleront.* (II. 36.)

Les écrits dévoilés du grand prophète seront saisis et parviendront entre les mains de Napoléon IV. Celui-ci essaiera bien de tromper son roi, mais il se prendra bientôt à ses propres piéges.

> *Qui ouvrira le monument trouvé*
> *Et ne viendra le serrer promptement*
> *Mal luy viendra et ne pourra prouvé,*
> *Si mieux doit être Roy Breton ou Normand.* (IX. 7.)

Si celui qui donnera la clef et le sens de l'écrit prophétique ne cesse ses publications, on lui suscitera des difficultés pour l'obliger à prouver s'il vaut mieux avoir pour système de gouvernement la mobilité électorale avec Napoléon IV, que la stabilité héréditaire avec Henri V. Plutôt le volatil que le fixe.

1° *Breton*. — Mot qui voile le grec Βρίθω, Βριθύς, grave, pesant, stable, fixe.

2º *Normand.* — Pour Νωρμην, formé de να pour ανα, ορμαω, s'élancer, c'est-à-dire volatil.

> *Quand la corneille sur tour de briques jointes*
> *Durant sept heures ne fera que crier*
> *Mort présagée de sang statue taincte*
> *Tyran meurtri, aux Dieux peuple prier.* (IV. 55.)

Alors que la corneille, du haut de sa tour de briques (IX. 1) fera entendre ses cris incessants pendant sept heures, suivant l'oracle, on verra le jeune héritier des Napoléon cruellement frappé, étendu sans vie dans une mare de sang, et la nation atterrée élever à Dieu son cœur et ses prières. (Voir le quatrain 11 de la IVᵉ Centurie.)

PIÈCES JUSTIFICATIVES.

1º *Quand la corneille sur tour de briques jointes.* — L'artiste en métaux, monnoyer ou monnier, après avoir trouvé l'argile neuve ou la matière du nouvel œuvre, construira sa tour avec des briques ou son argile cuite, en les rangeant par assises, suivant les lois de l'équilibre, de manière à faire un bâtiment complet. Il a, en effet, construit une tour en vraies briques, puis il construit en ce moment son œuvre de traduction avec les quatrains qu'il adapte les uns aux autres de manière à faire une tour complète.

La corneille, espèce de corbeau, douée d'un instinct de prévoyance remarquable, était chez les anciens le symbole du dieu des devins. Elle sent les cadavres de très-loin et hante les vieilles tours. Attirée par l'odeur de cadavre qui se dégage de la matière au moment où se font la fermentation et la dissolution que suivra la noirceur, elle vient au sommet du vase et spectatrice intelligente et émue du mouvement des parties de la matière en eau qui circule dans le vase par sept cercles, elle connaît les progrès de l'œuvre et les changements qui surviennent à la matière et peut les annoncer.

2° *Pendant sept heures ne fera que crier.* — La corneille ne fera que crier pendant les sept révolutions ou circulations de la matière en eau.

> *La voix ouye de l'insolite oyseau*
> *Sur le canon du respiral estage*
> *Si haut viendra du froment le boisseau*
> *Que l'homme d'homme sera anthropophage.* (II, 75.)

Lorsqu'on entendra les accents étranges de la corneille annoncer les événements du haut de sa tour de briques, le prix du boisseau de blé sera si élevé que les hommes seront tentés de se manger entre eux. *Homo homini lupus.*

> *De nuict par Nantes Lyris apparaistra*
> *Des arts marins susciteront la pluye*
> *Urabiq goulfre grand classe parfondra*
> *Un monstre en Saxe naistra d'ours et truye.* (VI, 44.)

Pendant le règne de Saturne ou de la noirceur, l'arc-en-ciel, messager de justice et de miséricorde, apparaistra sur la matière en eau (par Nantes) au travers de la pluie occasionnée par la condensation des vapeurs de la terre et des eaux ou par Typhon qui personnifie la Révolution (force dévorante). La matière au noir dissoute en eau (goulfre), après sublimation en vapeurs venant à se condenser (urabiq), retombe sur la terre grise qui flotte et la fixe en la pénétrant, alors naît Jupiter, le fixe, de la terre noire et de la terre grise.

PIÈCES JUSTIFICATIVES.

1° *Arts marins.* — Le mot *art* qui, dans sa signification première désigne le moyen d'action des organes mus par la volonté sur la matière extérieure, a un rapport étymologique très-étroit d'une part avec le verbe grec αἴρειν, contenant l'idée d'entreprise, de commencement d'action, de l'autre avec le mot *artus* désignant les membres instruments nécessaires de la volonté; cette acception implique une idée d'adresse, d'habileté et par extension de ruse et d'astuce — τεχνη καί μηχανη, voies et moyens.

Le mot *marin* se traduit par qui est de mer, qui appartient à la mer.

Théorie de la pluie et de l'arc-en-ciel. — Les arts de Neptune, c'est-à-dire les vents, les courants d'air du Midi se mélangeant à l'air plus froid du Nord occasiounent la condensation des vapeurs de la terre et des eaux surtout, en gouttelettes qui tombent en pluie. C'est alors qu'apparaît dans les nuées opposées au soleil ou à la lune le météore lumineux appelé arc-en-ciel ou iris (car il y a des arcs-en-ciel solaires et des arcs-en-ciel lunaires). Ce phénomène est produit par la décomposition de la lumière blanche du soleil au moment où elle pénètre dans les gouttelettes de pluie et sa réflexion sur leur face interne. (Newton, mort en 1727.)

Typhon (τυφων, *uror, inflammo*), né des vapeurs de la terre et des eaux, personnifiait en Egypte les exhalaisons, les vents des sables d'Arabie et des marais des bouches du Nil, la force irrésistible et fatale de la mer, les monstres, les maladies, les ténèbres funestes, la mort, enfin les influences malignes de la nature tant au physique qu'au moral. (Guigniaud sur Creuzer.)

Dans les livres saints, Typhon, sous le nom de *Ventus Turbinis* (Ezéch. 1. 4), *ventus urens, spiritus procellarum*, symbolisait le démon qui excite les tempêtes aussi bien dans l'air et sur la mer que dans les âmes, et les vents sont métaphoriquement employés pour désigner les querelleurs, les trouble-paix, les discours vains et dangereux soufflés par le démon. (*Spicileg. Solesm.* — Ps. CXLVIII. 8.)

2° *De nuict par Nantes Lyris apparaistra, les arts marins susciteront la pluye.* — Pendant le règne de Saturne ou de la noirceur sur la matière en eau apparaistra Lyris.

Saturnus est un mot formé de trois mots grecs : 1° σαττω, couvert, enveloppé, enclos, caché; 2° υρ, feu pour πυρ. Au dictionnaire d'Alexandre on trouve à υραξ, racine, φυρω, pétrir, brouiller, d'où πυρ, feu qui confond toutes les matières et les réduit en cendres; 3° *nus,* de ναίος, liquide. — D'où la signification de feu caché liquide. Nous voilà en plein œuvre hermétique. Saturne est la matière réduite en eau ayant la couleur noire.

Par Nantes, c'est-à-dire par eau. Langue grecque ou celtique nous donnent le même sens. D'où la devise nantaise : *Favet Neptunus eunti.*

Lyris. — La Lyre, λυρα, l'oiseau messager, revêtu des couleurs de l'iris, l'oiseau d'Hermès ou Mercure qui a adopté la couleur de la queue de paon, parce que c'est lui qui fera apparaistre dans le vase toutes les couleurs que la matière revêt pendant les opérations.

3° *Urabiq goulfre grand classe parfondra.* — *Goulfre*, en hermétique, la matière au noir dissoute en eau — après sublimation en vapeurs venant à se condenser. *Urabiq*, υ R. grecque contenant l'idée d'eau, ρα, racine contenant l'idée de force, ὄικος marquant adjectif de βυω, remplir, bourrer, qui se condense — *parfondra* retombe en pénétrant sur — *grand*, soit du grec γη, terre, et εραα, terre ou grand pour géant γη-ανω, rappelant Titye, terre qui croît. — *Classe* de κλαω, κλασω, amollie, molle, volatile. Les parties volatiles, géants, ont dissout la partie fixe en eau, mais cette eau les fixera.

4° *Un monstre en Saxe naistra d'ours et truye.* — Pour toute génération il faut un mâle et une femelle et nous avons pour père et mère, un ours et une truye. Le mot *ursus* est tiré de deux mots grecs : υρ pour πυρ contenant l'idée de feu, συ contenant l'idée de coudre, coaguler, συω, d'où *suo, sutor,* d'où feu qui coagule ou fixe. Truye de τροία, Troie, du grec τρος, τίτρωσκω, terre brisée, dissoute en eau volatile qui, sous la forme d'eau, était mère de Dardanus, fondateur de l'empire Troyen, mais qui se change en terre pendant le siége (voir à ma Clef, page 308). D'un autre côté, l'ours est connu pour la force et la stabilité des pieds sur la plante desquels il marche, tandis que la truie n'est guère solide de ce chef — on accordera aussi que l'ours est noir et que la truie est blanche, au moins d'un blanc sale, gris, — l'être prodigieux qui en naîtra peut donc être dit : fils de la terre noire et grise, matière qui aura besoin d'être blanchie. Cet être prodigieux sera le petit Jupiter qui blanchira et se fixera à mesure qu'il sera lavé.

5° *En Saxe,* du grec σαξίς, action de bourrer, remplir, σαττω, c'est-à-dire dans le fixe.

> *Quand lampe ardente de feu inextinguible*
> *Sera trouvée au temple des Vestales,*
> *Enfant trouvé feu-eau passant par crible,*
> *Périr eau Nismes, Tholose cheoir les halles.* (IX. 9.)

Quand on aura trouvé dans les livres sacrés le sens des écrits prophétiques dictés par l'Esprit-Saint, au moyen d'un commerce intime et merveilleux avec ce dernier ou du commerce de Pallas et de Vesta (voir à la troisième Partie), Henri V, l'enfant philosophique, paraîtra dans le vase ou la France sous la couleur noire ou Saturne (σαττω, caché, υρ, feu, ναιος, liquide) afin de laver par l'eau et de purifier par le feu la matière qui doit être spiritualisée, volatilisée. Alors la matière noire sera blanchie par l'eau et l'on verra disparaître ce grand marché des mensongiers (v. 91), ce forum révolutionnaire qui n'était qu'une arène où se combattaient les intérêts croisés.

PIÈCES JUSTIFICATIVES.

1° *Crible*. — Nom donné par les hermétiques au vase, au mercure coagulé et non fixé — eau congelée. — Le crible est, on le sait, un instrument qui sert à nettoyer — on dit criblé ce qui est nettoyé par l'eau et par le feu. *Ecce satanas expectavit ut cribaret vos sicut triticum.*

2° *Nismes, nemausus, civitas nemausensium* (Guérard), ville du Gard. Suivant Isidore de Séville, *Nemus* vient de *à numinibus* où les payens plaçaient leurs idoles. — Funger, de παρα το νεμειν équivalant à *pascere*, paître, administrer, gouverner. — Νεμος répond aussi à *locum arboribus consitum et pascuum*. Les Gaulois l'appelaient *Nemetmag,* lieu consacré, du Celtique *Nemet*, sanctuaire forestier où les Celtes cueillaient le gui sacré. Au dictionnaire irlandais, on trouve: *Neimhad*, terre consacrée; *Nemeth*, chapelle, d'où le provençal *Nemoz*, lieu consacré à la religion.

En langage hermétique, Nisme est pour le mot grec νεμος, forêt, qui se dit en latin *Nemus*, il est aussi pour νιμμος, νίψις, de νιπτω, laver — matière noire ou en putréfaction que les philosophes appellent leur saturne, leur

laiton qu'il faut blanchir, même signification que *Numus*,
Œthelia (ou Lemnos produisant la terre sigillée qui guérit
la morsure des serpents venimeux) *arene arenarmei* ou
bol d'Arménie, *corsufle*, *cambar*, *albar œris*, *rebis*.
C'est la forêt de Némée. Le lion néméen mort est la noirceur, cette matière qui dévorait tout et convertissait
les métaux en sa propre nature est rencontrée par Hercule (mercure coagulant) qui le tue, c'est-à-dire qui le
fixe. — Dans les allégories on emploie indifféremment les
mots forêt ou cheveux. Ces objets sont conservés jusqu'à
la fixation de la matière volatilisée. Ils disparaissent
lorsque la matière est devenue fixe comme une pierre. Il
faut extraire la matière où elle est confondue. Cette matière terrestre superflue, dont il faut dégager la vraie
matière, est appelée par les philosophes : Forêts, lieux
sombres, ombrageux, obscurs, cavernes. Pour faire
l'occulte manifeste, il faut mettre à découvert ce qui était
caché.

Si nous consultons les Saintes Ecritures sur ce mot,
nous trouvons *Nemus* équivalant à *Tenebrosa cogita-
tio*. — *Nemus eloquentiæ est infructuosa loquacitas
et ornatus verborum inutilis*. — La forêt de malice et
la vie des mauvais juges. (*Spicileg. Solesm.*)

Au livre du Deutéronome, dit Isidore, Moïse nous
défend de planter du bois ni aucun arbre près de l'autel
du Seigneur. Le bois sacré des païens se compose d'arbres
verts qui ne rapportent pas de fruits et qui ne sont plantés que pour le plaisir des yeux. Tels sont les gentils
qui se composent une doctrine riche de poésie et de fiction, non pour se corriger de leurs vices, mais pour s'y
délecter et faire croire à cette doctrine par l'attrait
qu'elle présente. Si, à l'endroit de la foi, nous ne tenons
aucun discours oisif ou dangereux et que nous ne par-
lions dans l'enseignement qu'avec la parole de la vérité,

nous n'aurons planté de cette façon aucun bois près de l'autel du Seigneur. L'apôtre évitait de planter ce bois dans la prédication de la sagesse, quand il disait : Nous parlons non pas avec la parole ignorante de la sagesse humaine, mais avec la doctrine de l'esprit et de la vertu.

Voulons-nous interroger l'histoire sur la ville de Nîmes et son origine? Paradin nous répondra que cette ville fut fondée par une colonie de soldats romains ramenés d'Egypte par Auguste après la conquête de cette province, 27 ans avant J.-C. Une médaille découverte en de nombreux exemplaires dans les fouilles pratiquées à Nîmes, nous rappelle ces faits. Elle représente d'un côté les effigies d'Auguste et d'Agrippa son gendre, avec leurs noms; de l'autre un crocodile enchaîné au pied d'un palmier orné de banderoles et d'une couronne civique suspendue à ses branches, avec l'inscription : *Col. Nem.*, ce qui signifie, dit Paradin, qu'avant Auguste, personne n'avait enchaîné le crocodile qui est le symbole de l'Egypte.

Dès lors qu'il est question de l'Egypte (terre submergée, formé de αιγ contenant l'idée d'eau, υπτιος, sous) et de crocodile qui était aussi l'hiéroglyphe de l'Egypte et particulièrement de la basse Egypte qui en est la partie la plus marécageuse, je m'empare de l'inscription : *Col. Nem.*, pour la traduire par *Coluber nemausensis*. Crocodile, hiéroglyphe naturel de la matière philosophique, principe et base de l'or, composée de terre et d'eau, puisque cet animal est amphibie. La matière noire (*nemausus*) en eau, qui, comme le lion néméen, dévore tout et convertit les métaux en sa propre nature, matière qu'il faudra blanchir et fixer, et qu'on représente aussi enchaîné à un palmier orné de banderoles et d'une couronne pour signaler la victoire de l'or caché ou de l'Apollon philosophique.

Nîmes contenant l'or caché qu'il faut mettre à découvert, je me rends parfaitement compte pourquoi elle fut cédée en 1258 à saint Louis, pourquoi. elle montre aujourd'hui comme en 1815 ses aspirations catholiques et monarchiques, et j'ajoute : il y a toute raison pour ne pas la laisser séjourner plus longtemps en l'état de ténèbres et de révolution où elle est plongée.

3° *Tholose cheoir les halles.* — Tholose, chef-lieu de la Haute-Garonne, autrefois capitale des Volces tectosages, existait 180 ans avant J.-C. Volces vient du grec Βολχος tiré d'οχλος, chez les Eoliens Βοχλος d'où le mot *vulgus* désignant l'assemblée du peuple, la multitude, la lie populaire, le vulgaire, par opposition à ceux qui sont riches et éclairés (HURÉ). Rien d'étonnant donc que la capitale des Volces s'appelât Tholose, θολουσα πολις, ville bourbeuse, limoneuse (AUDIBERT), absolument comme l'antique Lutèce, aujourd'hui Paris (MALTE-BRUN). Le nom de Tholose prête aux développements, car θολος signifie aussi fournaise, et θολυς, siége d'assemblée à Athènes où l'on entretenait, aux frais du trésor public, les cinquante Prytanes (πρυτανις, magistrat) pendant la durée de leur office. La langue celtique nous donne absolument le même sens. *Dol* ou *tol*, plaine au bord d'une rivière, *tolos,* qui est situé dans cette plaine, rappellent les marais que les anciens auteurs attribuent à Toulouse. En irlandais, *toll* signifie : *tête,* et *tola*, superfluité.

Pour le philosophe hermétique, Tholose est cette matière noire où tous les éléments sont confondus et qu'il faut blanchir, c'est cette Troie qu'il faut brûler.

D'après les saints livres, Tholose sera l'élément matérialiste et réfractaire qu'il faut détruire par le feu, θολος, la fournaise dont parle Moïse : « *Eduxi te de fornace ferrea Egypti.* » Le fer signifie : la servitude du corps des Israélites ; la fournaise de feu , l'oppression de leurs âmes et consciences au milieu de l'idolâtrie et de l'impiété, servitude plus intolérable que les travaux dont on accable leur corps. Le four dont parle Osée, chap. VII, vers. 4. « Ils ont tous conçu une chaleur brûlante comme un four, et leur ardeur a consumé leurs juges avec eux. » Les Israélites, comme un four allumé, sont enflammés de luxure et d'ardeur pour adorer les idoles (l'argent, la gloire, le plaisir). Le désir de commettre le péché ne s'éteint pas par l'acte mauvais, mais s'allume davantage des sarments que l'on y jette. Le démon est une sangsue qui a soif de sang ; il désire faire tomber l'homme dans le péché et allume en lui la soif du péché. Cette sangsue a deux filles : la luxure et l'avarice qui imitent la soif et l'ardeur du diable, et disent : *afer, afer,* apporte, apporte, et sont insatiables comme lui. Le démon ou le méchant, afin de faire le mal conçu avec plus d'art, retire la main pendant un certain temps ; cependant l'incendie de ses turpitudes couve, il est loin d'être éteint, il se recueille, il se refait, puis il éclate bientôt après, terrible et comme inextinguible. (*Cornel. à lap.*)

L'histoire de France nous apprend qu'au Xme siècle le comte de Toulouse voyait relever de lui les comtes de Quercy, d'Alby, de Carcassonne, de Nismes, de Beziers et de Foix ; — que les capitouls de Toulouse, élus par toutes les classes du peuple toulousain, formaient, dès le douzième siècle, le corps de la ville de Toulouse ; — qu'ils siégeaient au capitole et rappelaient la République Romaine.

Dès 1454, le parlement de Toulouse fut unifié à celui de Paris par Charles VII qui accorda à leurs membres le privilége d'avoir séance réciproquement les uns chez les autres. Avant cette époque, le parlement de Paris y allait siéger dès le roi Louis IX. *Ludovicus placitum generale habuit Tolozæ.* Toulouse essaya plusieurs fois comme Paris de reconquérir l'indépendance dont ses anciens avaient joui à l'égard de l'Eglise et de la royauté, mais la puissance royale brisa la résistance de tous les grands vassaux , et l'Eglise , de son côté, obtint par la douceur la soumission des Toulousains.

Parmi les traditions recueillies au *Spicilegium soles-mense*, nous trouvons : Toulouse a toujours passé pour exprimer un lieu où les catholiques entourés d'un grand nombre d'hérétiques sont exposés à une tribulation violente et forte (*dæmonio meridiano*).

Les deux vers suivants rendent la même pensée :

Urbs est pomposa tam perfida quam populosa
Nomine Tolosa , meritis inscripta dolosa.

Les amateurs d'antiquités se souviennent du nom de ville quadruple porté par Toulouse, de l'or caché de Toulouse ; de son église de Saint-Sernin (Saturnin) ; de son église de la Daurade, construite sur les ruines d'un temple dédié à Apollon, et qui prit le nom d'une mosaïque en verre, dorée, qui revêt le massif du mur ; de l'église du Taur, devant son nom au taureau à la queue duquel fut attaché saint Saturnin ; enfin de l'église de la Dalbade, dépendant autrefois de l'hôtel Saint-Jean qui des Templiers passa aux chevaliers de Malte.

Par une coïncidence providentielle, ces différents noms rappellent exactement ceux de l'œuvre hermétique. La matière quadruple, quadrangulaire, terre, eau, air et feu, contenant l'or caché qui, dans l'opération du grand œuvre, devant commencer au printemps sous le signe du Taureau, prendra successivement la couleur noire (Saint-Saturnin, Taur), puis la couleur blanche (d'Albade), enfin la couleur dorée (Daurade). Il n'est pas inutile d'ajouter que la bannière des Templiers était blanche à raies noires (couleur passagère), et que la bannière des chevaliers de Saint-Jean-de-Jérusalem, plus tard chevaliers de Malte, était une croix pleine d'argent sur champ de gueules.

Qui je suis ?

10 octobre 1877.

Mon cher monsieur M...,

Vous avez lu au chapitre XIX de ma Clef, que les anciens ont mis sur le compte d'Hercule ou de l'artiste (εἱργαζω, qui travaille, ὑλη, la matière dorée), les effets ou les opérations du Mercure philosophique.

Aussi les philosophes disent : Mettez ceci, mettez cela, imbibez, semez, broyez, etc., comme si l'artiste le faisait en effet, quoique la nature le fasse en opérant dans le vase par le moyen du mercure. L'artiste et le mercure travaillant de concert à la perfection de la médecine dorée, ceux qui en traitent, mettent indifféremment sur le compte de l'un et de l'autre tout ce qu'ils disent par similitude, par allégorie, des opérations par lesquelles la matière de cette médecine se travaille, se purifie et se perfectionne.

Vous avez lu aussi que les philosophes hermétiques ont pris assez ordinairement les oiseaux pour symbole des parties volatiles de la matière du grand œuvre et ont donné divers noms d'oiseaux à leur mercure : tantôt c'est un aigle, tantôt un corbeau, un cygne, un paon, un phénix, un pélican, et tous ces noms conviennent à la matière de l'art, suivant les différences de couleur ou d'état qu'elle éprouve dans le cours des opérations. Dans ces dénominations, ils ont eu égard aux caractères des oiseaux dont ils ont emprunté les noms pour en faire l'application métaphorique à leur matière. La putréfaction est exprimée par le combat de l'aigle et du lion, auquel combat succède la mort des deux adversaires. La noirceur étant une suite de la putréfaction, ils ont dit que des corps des deux combattants il naissait un corbeau, parce que cet oiseau est noir et qu'il se repaît de corps morts. A la noirceur succèdent les couleurs variées de l'arc-en-ciel. On a dit en conséquence que le corbeau était changé en paon, à cause des mêmes couleurs qui se font admirer sur la queue de cet animal. Vient ensuite la blancheur qui ne pouvait être mieux exprimée que par le cygne ou la colombe. La rougeur du pavot qui succède a donné lieu d'imaginer le phénix qu'on dit être rouge, parce que son nom même exprime cette couleur. Ainsi chaque philosophe a emprunté des oiseaux qu'il connaissait les noms qu'il a cru convenir à ce qu'il voulait exprimer.

Il ne faudra donc pas vous étonner que M. de Notredame donne à l'artiste qui fera l'œuvre à l'extérieur et au mercure qui fera l'œuvre intérieurement les mêmes noms, manifestant et annonçant les différences de couleur et d'état éprouvées par la matière dans le cours des opérations.

Ainsi l'alcyon avec son plumage légèrement irrisé paraîtra avant la corneille; la lyre avec son plumage plus fortement irrisé paraîtra après la corneille et avant la colombe, gris oiseau.

Vous savez, d'un autre côté, que les Orientaux et notamment les Hébreux attachaient une grande importance à la propriété occulte des noms. Jusqu'au XVII⁰ siècle, des hommes, d'ailleurs sensés, ont cru lire dans leur nom et l'anagramme de leurs noms l'indication impérieuse de la vocation que leur imposait la divinité. Que direz-vous maintenant de la coïncidence suivante?

Pierre Monnier, demeurant rue de la Pierre-de-Bretagne, commune de Montrelais, dont l'église est sous l'invocation de saint Pierre, ayant découvert le secret de la pierre philosophale. Pour moi, je dis que Pierre est le roc sur lequel il faut s'appuyer ; que Dieu a choisi Pierre pour être le fondateur de son grand œuvre et qu'il accomplira les promesses qu'il lui a faites.

Dans le nom propre Monnier, nous retrouvons la même indication impérieuse de vocation et cela en plusieurs langues.

1° C'est le figulier, Monnoyer ou Monnier, c'est le fabricant de monnaie (cuivre, argent et or), de *monere,* avertir, *nuntius,* le messager.

2° Le mot grec τυμϐη, élévation, répond à Monnières, près Nantes, ainsi nommé du celtique Mon-er, sur une élévation, signification qui confine à signal, parce qu'on place les signaux sur les lieux élevés, afin qu'ils soient plus en vue.

3° Nous avons en confirmation : Quand les écrits D. M. trouvés par Monnier de Dinebro ou de Montrelais-Ingrandes.

4° Ailleurs, c'est le divin verbe, le messager qui annonce les choses célestes, Hermès, d'εϱμα, messager, *nuntius.*

5° C'est l'alcyon ou Monnier dont le plumage est légèrement irrisé.

6° C'est la corneille, oiseau noir, douée d'un instinct de prévoyance remarquable et qui à l'odeur de cadavre annonce la couleur noire (*nuntius,* toujours *nuntius*).

7° C'est la lyre, oiseau dont le plumage plus fortement irrisé annonce la fin de la couleur noire, c'est mercure qui annonce la venue du petit Jupiter. — C'est l'arc-en-ciel envoyé à Noë pour annoncer la fin du déluge ; dans la fable c'est la messagère de Junon ; en Hermétique c'est une couleur de la matière (toujours *nuntius*).

8° C'est la colombe, gris oyseau signalant Jupiter. Longtemps au ciel sera vu gris oyseau (I, 100).

Quoi de plus?

Monnier de Notredame du Frêne, commune de Montrelais, s'identifie à M. de Notredame de Salon de Craux de manière à ne faire qu'un même personnage.

Le frêne, *fraxinus*, est de la famille des oléacées et par suite de la famille des oliviers, dont l'espèce qui nous rend le plus de service est l'olivier commun. De son marc pressé (*frax, fracis*), le fruit de l'olivier donne l'huile que nous connaissons. Le purgatif si connu sous le nom de Manne est une exsudation de l'écorce de plusieurs espèces du genre frêne ; en outre, son écorce est réputée tonique et fébrifuge et ses feuilles passent pour jouir de propriétés cathartiques égales à celles du séné. Si, d'un côté, l'olivier ne prospère que dans la Provence et dans le voisinage de la mer, le frêne pousse vigoureusement dans les vallées de la Loire. (DUP. DE VORREPIERRE.)

Olivier et huile s'expriment par *oliva* en latin et par ελαία en grec. Dans l'Écriture sainte, l'olivier est l'arbre excellent (Isaïe, 41, 19), c'est le peuple choisi de Dieu (Jérém., 11, 16). Il marque des personnes engraissées des dons spirituels de la grâce (Zach., 4, vers. 3, 11). *Quid sunt duæ olivæ ad dexteram candelabri et ad sinistram ejus?* Que signifient ces deux oliviers dont l'un est à la droite du chandelier et l'autre à la gauche? ces deux oliviers qui étaient toujours verts et chargés de fruits et qui fournissaient l'huile nécessaire pour entretenir ces lampes, représentaient deux excellents serviteurs de Dieu, Zorobabel et Josué, qui devaient donner tous leurs soins pour fournir les choses nécessaires à la construction du temple figuré par ce chandelier. Ils sont appelés *Filii olei*, vers. 14. Ainsi les deux témoins que Dieu doit susciter sont appelés deux oliviers à l'imitation de ces deux premiers. Apocal. 11, 4. *Hi sunt duæ olivæ;* ce sont deux oliviers. On croit que ce seront les consolateurs du peuple de Dieu tirés des deux ordres de l'Église, du clergé et du peuple. D'autres enfin entendent par ces deux oliviers deux témoins qui attesteront les vérités de la prophétie.

Monnier de Notredame du Frêne, commune de Montrelais, paraît être appelé à figurer comme un de ces oliviers, un de ces témoins tirés du peuple, afin d'attester la vérité de la prophétie. Olivier de la famille des frênes, il habite au bord de la Loire sur la pierre de Bretagne, commune de Montrelais. L'huile qui sort du périsperme du fruit de l'olivier sert à entretenir la lampe et à produire la lumière : ainsi le fruit de sa plume mettra en lumière le sens de la prophétie. Dieu appelle lumière du monde et sel de la terre les témoins qui attesteront la vérité de la prophétie. (Saint Math., ch. V, évangile du 30 septembre.) (HURÉ.)

Qui pourra donc contester qu'il soit du pays des oliviers, lorsqu'on saura que la paroisse de Notredame du Frêne a pour curé un M. Olivier?

Michel de Notredame de Salon de Craux, auquel s'identifie Monnier, était de Salon, ville de Provence, située sur le bord de la mer salée (*civitas salis*), sur le rivage de la Crau, vaste plaine stérile, autrefois golfe comblé par des alluvions et recouverte d'une quantité innombrable de cailloux (craux), c'est un témoin, un olivier aussi, mais planté sur un territoire salé; sa prophétie, cachée sous le voile, est ferme, solide et durable, le sel la conserve pour qu'elle ne puisse s'altérer, mais elle est stérile tant qu'on n'a pas fait sortir de son fourreau le sens caché, le feu, la lumière qui y est contenue, qui s'y trouve en puissance, afin qu'elle éclaire suivant sa destination.

Qui je suis?

Arundo vento agitata. Un pauvre roseau agité par le vent ou mieux par l'esprit. Cet esprit dont parle saint Jean au chap. III, vers. 8, de son évangile : « L'esprit
» souffle où il veut et vous entendez sa voix ; mais vous
» ne savez d'où il vient ni où il va ; il en est de même de
» tout homme qui est né selon l'esprit. »

Si, en présence de ces paroles, quelque censeur chagrin et jaloux se levait pour réclamer un signe, un miracle qui confirmât la prétendue mission d'interprète des volontés du Très-Haut, je lui dirai : Dieu employa comme interprètes Balaam, David, Salomon, les Sibylles et beaucoup d'autres personnages qui ne faisaient pas de miracles et qui n'étaient pas brevetés par les censeurs.

Je lui dirai encore avec saint Jean Chrysostôme : Si vous ne savez pas où prend naissance ce vent que vous sentez, comment pourrez-vous scruter les opérations de l'Esprit? *Si venti quem sentis, viam nescis, quomodo divini spiritûs operationes scrutaberis?*

Mes désirs seront remplis, si je ne trouve aucun critique ignorant sur lequel ma prose imagée produise l'effet que produit la lumière sur les yeux des oiseaux de nuit, aucun critique assez malheureux pour avoir l'esprit voilé par les vapeurs de l'égoïsme ou d'autres passions aussi peu avouables. Que Dieu bénisse les hommes de bonne volonté, *homines bonæ voluntatis,* qui obéissant volontiers aux inspirations de l'Esprit-Saint, peuvent encore croire à quelque chose! Que Dieu change le cœur incrédule de ceux qui résistent à ses inspirations, quand même, parce qu'ils veulent vivre dans l'élément réfractaire du serpent, le plus terrestre de tous les animaux !

Dans tous les cas, de même que l'opposition, la négative font apprécier l'affirmative, les ténèbres de l'ignorance qui sont comme le revêtement ou les limites de la lumière et de la science en feront bientôt apprécier les bienfaits et y aspirer.

Je ne conçois donc aucune inquiétude sur le résultat de ma mission, je puis tout en celui qui me fortifie.

Au souffle puissant qui m'agite, au feu sacré qui m'anime, je sens que l'esprit eau et feu dissout et fixe tout, triomphe de tout, et je chante :

« Sous la loi de préparation, il a fait jaillir l'eau du
» rocher par la main de Moïse; sous la loi de disposition
» et de réalisation il a terrassé Saul sur le chemin de
» Damas; il a dans sa miséricorde lavé le monde par le
» déluge, au jour de sa justice il le fera périr par le
» feu. »

Dies iræ, dies illa
Solvet sæclum cum favillâ
Teste David cum sibyllâ.

Qui je suis ?

Je suis l'abeille composant avec les fleurs des Ecritures le miel dont il faut que le monde se nourrisse.

Qui je suis enfin ?

Je suis le miroir qui réfléchit sur le monde la lumière qu'il tient d'en haut. Pour obtenir cette réflexion, il n'était besoin que de trouver le vif-argent qui étamât la glace et ce vif-argent est trouvé.

Ces faits établis, il ne sera plus question du traducteur, mais de la seule interprétation. Si ces faits sont regardés comme imaginaires et ne prouvent rien, il y a lieu de croire que l'interprétation sera tellement lumineuse et inspirée qu'elle sera concluante pour l'auteur et le traducteur.

TROISIÈME PARTIE

CONCORDANCE

DU LANGAGE SYMBOLIQUE DE M. DE NOTREDAME

AVEC CELUI

DE SAINT JEAN, DES APOTRES ET DES SAINTS LIVRES

DE L'HOMME

DE SA DOUBLE·NATURE SPIRITUELLE ET MATÉRIELLE

ET DE SON PERFECTIONNEMENT MORAL

Moïse nous a représenté Dieu créant le ciel et la terre avec les quatre éléments. Sous le mot ciel, il comprend l'air et le feu, et sous le mot terre, la terre et l'eau incorporés en un seul globe.

A l'image du grand monde, Dieu fit l'homme, le petit monde, composé aussi des quatre éléments, avec son ciel, c'est-à-dire une âme intelligente, et sa terre, c'est-à-dire un corps sensuel.

« *Il y a,* dit saint Paul, *un corps animal et un corps* » *spirituel, il est mis en terre comme un corps ani-* » *mal et il ressuscitera comme un corps spirituel....* » *Il faut que ce corps corruptible soit revêtu d'incor-* » *ruptibilité; que ce corps mortel soit revêtu d'im-* » *mortalité.* » (1ʳᵉ ad. Cor., ch. XV.)

Et plus loin : « *Pendant que nous sommes dans ce* » *corps comme dans une tente, nous soupirons sous* » *sa pesanteur, parce que nous ne désirons pas d'en* » *être dépouillés, mais d'être revêtus par dessus, en* » *sorte que ce qu'il y a de mortel en nous soit absorbé* » *par la vie.* » (2ᵉ ad. Cor., ch. V.)

Saint Marc, au chap. IX, vers. 48, fait la même distinction : « *Tout homme sera salé par le feu et toute vic-* » *time sera salée par le sel,* » appelant *homme* la partie intérieure, spirituelle, invisible, et *victime* la partie extérieure, corporelle, animale, ne connaissant Dieu que sensiblement. L'âme est donc l'homme véritable, le corps n'est que le vêtement qui la recouvre, le vase qui la renferme : « *L'homme extérieur,* dit saint Paul (ad. Cor. II, » chap. XVIII), *se détruit par le temps et l'homme inté-* » *rieur se renouvelle d'un jour à l'autre.* » « *Comme* » *l'homme extérieur,* dit le Sohar (¹), *se lave par l'eau* » *avec du savon et des sels, l'homme intérieur se lave* » *par le feu.* » Ces deux moyens de purification étaient » indiqués au livre XXXI des Nombres. « *Que tout ce qui* » *pourra supporter le feu soit purifié par le feu, et* » *que tout ce qui ne pourra soutenir le feu soit sanc-* » *tifié par l'eau d'expiation.* » Véritable figure du lan- » gage de saint Jean (saint Mathieu, chap. III) : « *Je vous* » *baptise dans l'eau pour vous porter à la pénitence,* » *mais celui qui doit venir après moi vous baptisera* » *dans le Saint-Esprit et dans le feu.* »

Les livres Rabbiniques viennent appuyer notre thèse. « Tout ce qui existe est invisible ou visible : intelligible » ou sensible : agent et patient : forme et matière : es- » prit et corps : homme intérieur et extérieur : feu et » eau : ce qui voit et ce qui est vu. Ce qui voit est bien » plus excellent que ce qui est vu. Rien ne voit que l'in- » visible, le visible est aveugle. Le feu ou Esprit n'ayant » trouvé aucun sujet plus convenable que l'eau pour lui » servir de véhicule et y étendre son action , la choisit

---

(1) Livre hébreu contenant la tradition déposée dans la Synagogue, qui explique et complète les Saintes Ecritures et ne devait recevoir son développement que dans le catholicisme. (Voir ma Clef, page 35.)

» pour domicile. Dès que le feu y introduit son action ,
» il sublime et élève en nature d'air qui lui confine les
» parties les plus subtiles de cette eau raréfiée, réduite
» en vapeurs, laissant désormais un passage plus libre à
» la lumière qui s'y manifeste, tandis que d'autres par-
» ties rendues plus pesantes par la condensation sont
» chassées vers la région inférieure où elles conservent
» les ténèbres primitives. L'esprit invisible qui planait
» et était porté sur les eaux voyait le visible, remuait
» l'immobile et parlait par les organes du muet.

» Ce corps et cet esprit, eau et feu, nous sont figurés
» par Caïn et Abel et par leurs sacrifices. Ceux de Caïn,
» provenant des fruits de la terre, étaient corporels,
» morts, inanimés, et dès lors privés de la foi (état de
» l'esprit déterminé par la raison). Ils furent résolus par
» le feu en une vapeur aqueuse, cherchant à le rejoindre
» en sa sphère pour y souffrir de nouveau ses atteintes.
» Ceux d'Abel étaient spirituels, animés, pleins de la vie
» qui réside au sang, pleins de dévotion et de piété. Un
» feu divin descendit des hauteurs du Ciel pour recueillir
» ces derniers, tandis que ceux de Caïn furent dévorés
» par un feu étranger. Caïn symbolisait l'homme exté-
» rieur, sensuel, animal, qui doit être salé de sel, et Abel,
» l'intérieur, le spirituel, qui doit être salé de feu. »

« Dieu, dit saint Augustin, se détourne des offrandes
» de Caïn, parce que Caïn fait un injuste partage,
» offrant un peu du sien à Dieu, mais se réservant tout
» entier pour lui-même, exemple suivi de tous ceux qui
» préfèrent leur volonté propre à la volonté divine,
» c'est-à-dire contempteurs de la droiture et vivant dans
» la perversité de leur cœur, offrant néanmoins des pré-
» sents à Dieu dont ils pensent acheter l'assistance, non
» pour la guérison, mais pour la satisfaction de leurs
» désirs criminels, et tel est en réalité le caractère de la

» cité du monde de servir Dieu ou les Dieux, afin d'ob-
» tenir sous leurs auspices ces victoires et cette paix
» d'ici-bas que poursuit non le zèle de la charité, mais
» la passion de dominer. Les bons, en effet, n'usent du
» monde que pour jouir de Dieu; les méchants, au con-
» traire, veulent user de Dieu pour jouir du monde,
» ceux d'entr'eux toutefois qui croient à l'existence d'un
» Dieu et à l'intervention de sa providence dans les
» choses humaines.

» Dieu engage Caïn à concevoir contre lui-même un
» juste déplaisir plutôt qu'un injuste contre son frère,
» puisque l'injustice est son œuvre, qu'elle est dans ce
» partage illégitime qui le rend indigne d'être agréé de
» Dieu; sa haine est toute gratuite. Mais il ne domptera
» pas cette chair qui convoite contre l'esprit, à qui l'es-
» prit doit commander, la détournant des œuvres illi-
» cites par le frein de la raison; la jalousie l'emportera
» et il tuera son frère, fondant ainsi la cité terrestre. »

Notre corps est cette victime, cette hostie vivante
(1re ad. Cor., 6), qui doit être pure, sans tache, afin de
devenir le temple du Saint-Esprit, désigné en l'Ecriture
par le feu qui doit nous saler intérieurement, c'est-à-dire
nous préserver de la corruption du péché. « *Alors,* dit
» Origène, *que ce corps matériel et corruptible,*
» *arrivé au terme de sa carrière, se sera dépouillé*
» *de son vêtement terrestre et impur, sa partie la*
» *plus noble et la plus parfaite s'élèvera vers Dieu,*
» *revêtu d'habits royaux lavés à la source d'eau*
» *vive ou au feu du Saint-Esprit. Dépouillez donc le*
» *vieil homme avec ses œuvres, et revêtez-vous du*
» *nouveau, c'est-à-dire de charité et de bonnes*
» *œuvres.* » (St Paul, ad. Colos. III.)

Mais quel est donc ce feu? Ce feu est mentionné au
Deutéronome, chap. IV, par ces paroles : *Deus tuus*

ignis consumens est. C'est le feu divin qui dévore le
feu étranger allumé par Nadab et Abiu. « Voulez-vous
» le connaître, demande le Sohar ? Examinez la flamme
» d'une bougie qui ne s'élève qu'à la condition d'être in-
» corporée à une substance corruptible et d'être mise en
» contact avec l'air. Vous y remarquerez deux lumières :
» l'une blanche qui luit et éclaire, bleue à la racine ;
» l'autre rouge attachée à la mèche qu'elle brûle, noire
» à la racine. La blanche occupe la partie supérieure ;
» au-dessous la rouge se tient attachée à la matière, en
» fournissant à la première le moyen de flamber et de
» luire. Ces deux flammes, l'une brûlante, l'autre brûlée,
» s'unissent pour se convertir en la blanche qui prédo-
» mine. La blanche reste invariable, tandis que l'autre
» devient noire, rouge, jaune, inde, perse, azurée. En
» haut, flamme blanche ; en bas, noirceur de la matière
» qui lui fournit aliment et qu'elle consume. Cette flamme
» azurée, rouge et jaune, toute matérielle, tend à dé-
» truire ce qui la nourrit, comme les iniquités tendent à
» détruire la conscience qui les héberge, afin d'entraîner
» en même temps dans la ruine le vêtement qui la re-
» couvre. Quant à la lumière blanche qui y est annexée,
» elle se dirige vers le ciel où est sa demeure éternelle,
» après avoir accompli sa mission en bas sans changer
» de couleur. »

« La flamme blanche, disent d'autre côté les Rabbins,
» est le feu de l'Esprit-Saint consumant nos iniquités
» figurées par la flamme rouge, bleue et inde, qualifiée
» du nom de feu étranger par saint Ambroise dans son
» épître à Simplicien.

» Le feu étranger, dit-il, est toute ardeur de lubrique
» concupiscence, d'avarice, de haine, de rancune et d'en-
» vie. Ce feu brûlera l'homme, mais ne le purifiera
» jamais. Si quelqu'un s'avise de l'offrir en la présence

» du Seigneur, il sera dévoré par le feu céleste comme
» Nadab et Abiu. Pour qui veut purger son péché, reje-
» ter ce feu étranger, il faut ce feu signalé par Isaïe,
» chap. VI : *Un des séraphins vola vers moi tenant*
» *en sa main un charbon de feu qu'il avait pris sur*
» *l'autel et m'en ayant touché la bouche, il me dit :*
» *Ce charbon a touché vos lèvres. Votre iniquité sera*
» *effacée et vous serez purifié de votre péché.* »

La prééminence accordée au blanc sur le rouge ressort
d'un grand nombre de passages des saintes Écritures. Ici
la loi mosaïque, loi rigoureuse et sévère, est figurée par
la colonne de feu qui guidait les Hébreux à travers le
désert pendant la nuit, tandis que la loi chrétienne, loi
de miséricorde et de grâce est figurée par la nuée blanche
qui les protégeait le jour. Dans l'ancien Testament, Elie
est emporté dans un char de feu, et dans la loi nouvelle,
les vêtements de la transfiguration du Sauveur deviennent
blancs comme la neige. En l'Apocalypse, les élus sont
toujours habillés de blanc. L'ange victorieux, monté sur
un cheval blanc, y est opposé à l'ange de malédiction,
monté sur un cheval rouge. Pour dernier trait, Isaïe, au
chapitre Ier de ses écrits, nous dira dans son langage
imagé : « Quand vos péchés seraient rouges comme le
» vermillon, ils deviendront blancs comme la laine la
» plus blanche. »

S'il en faut croire le Sohar, les deux tables de Moïse,
brisées à l'occasion du veau d'or, étaient deux colonnes :
l'une de feu figurant la chaleur naturelle qui vivifie tout,
l'autre d'eau représentant l'humide radical qui maintient
la vie. Cet humide radical, bien que fort altéré par l'inon-
dation universelle, ne fut pas complétement exterminé,
car Noë resta pour témoigner de la miséricorde divine
vis-à-vis de la race humaine, mais le second change-
ment sera signalé par la rigueur du feu qui détruira tout.

*(Solvet sœclum cum favillâ teste David cum Si-
byllâ.)*

Les Assyriens et les peuples orientaux adoraient le feu
comme représentant la chaleur naturelle ; d'un autre côté
les Egyptiens et les Méridionaux adoraient le Nil comme
représentant l'humide radical se rendant à la mer imprégnée de sel qui la préserve de corruption.

Pythagore, après Moïse, recommandait à ses disciples
de ne jamais parler de Dieu sans feu, parce que le feu
est ici-bas le symbole le plus sensible de la divinité, et
saint Denis, au livre de sa hiérarchie céleste, établit
avec une grande richesse d'expressions, les nombreux
rapports d'affinité et de convenance qui existent entre le
feu et la divinité. Le feu matériel n'est qu'un vêtement
du feu divin comme le sel est le vêtement du feu.

Rien n'est plus capable d'élever l'âme des choses sensibles aux choses intelligibles que la méditation de ces
couvertures et vêtements présentés dans le Sohar sous
un double point de vue : l'un en montant, l'autre en
descendant.

« 1° En montant et en se dépouillant, car aucune
» substance spirituelle en descendant en bas n'opère sans
» quelque vêtement. *Vos sedete in Jerusalem quoad
» usque induamini ex alto.* (Saint Luc, 24.) Le corps
» enveloppe et revêt l'esprit : l'esprit revêt l'âme : l'âme
» revêt l'intelligence : l'intelligence revêt le temple : le
» temple revêt le trône : le trône revêt la gloire et la pré-
» sence de Dieu qui brillait au tabernacle.

» 2° En descendant, cette gloire est revêtue du trône
» et de l'arche d'alliance qui est dans le tabernacle ou
» intelligence : le tabernacle dans le temple qui est notre
» âme *(templi Dei estis) :* le temple est en Jérusalem
» notre esprit vital : Jérusalem est en la Palestine notre

» corps: et la Palestine au milieu de la terre dont notre
» corps est composé. »

» Poursuivant son idée afin de la compléter, le Sohar
» enseigne que deux vêtements nous viennent du ciel en
» cette vie temporelle : 1° l'un formel, blanc, masculin,
» paternel et agent, car ce qui agit tient lieu de forme,
» de mâle et de père pour éclairer notre intelligence; 2°
» l'autre est rouge, maternel, féminin pour l'esprit vital.
» Le vêtement de l'intelligence est logé au cerveau; celui
» de l'esprit vital est logé au cœur. L'intelligence νους,
» *mens* des anciens, est cette partie de l'âme raisonnable
» formée à l'image du Créateur, le rayon divin. L'esprit
» vital est la faculté animale, c'est-à-dire la vie qui réside
» au sang. L'esprit vital qui nous est commun avec les bêtes
» renferme l'intelligence. L'intelligence ou âme raison-
» nable est propre et particulière aux hommes; elle
» mérite et démérite. Aussi a-t-elle besoin de se purifier
» des taches contractées dans la chair où elle est plongée!
» Saint Augustin (serm. 29, *de verbis apostoli*) nous
» enseigne que cette purification s'opère par le feu en-
» tretenu sur l'autel de notre âme par la matière des
» prières et des bonnes œuvres, à l'instar de la lampe
» ardente qui brille en la Jérusalem céleste, type de
» l'Église.

Le supérieur se montre à nous revêtu de l'inférieur,
le monde intelligible revêtu du monde céleste qui en est
comme l'ombre et le céleste de l'élémentaire; cependant
le monde intelligible devrait revêtir le céleste, le céleste
revêtir l'élémentaire. On lit au Ps. 18 : *In sole posuit
tabernaculum suum.* Dieu a mis son tabernacle dans le
soleil, pour dire : il a mis le soleil en son tabernacle qui
est le ciel, car Dieu ne réside pas dans le monde, mais
le monde réside en Dieu qui embrasse tout. *In ipso vivi-*

mus, novemur et sumus. L'hypallage dont on use en ce cas montre clairement que nous ne pouvons comprendre les choses spirituelles que par les choses sensibles. C'est là le témoignage de saint Paul (1ʳᵉ ad. Rom.) : « *Les perfections invisibles de Dieu, sa puissance* » *éternelle et sa divinité sont devenues visibles depuis* » *la création du monde par la connaissance que ses* » *créatures nous en donnent.* » Et dans un passage de sa première épître à Thimothée, ch. VI : « *Dieu habite* » *une lumière inaccessible que nul homme ne peut* » *voir.* » Cette lumière équivaut pour nous aux ténèbres, parce qu'elle produit sur notre intelligence l'effet du soleil sur les yeux des oiseaux nocturnes, tant que nous n'avons pu nous assimiler cette lumière. De même que la négative fait apprécier l'affirmative, les ténèbres qui sont comme le revêtement ou les limites de la lumière nous en font apprécier les bienfaits et y aspirer. L'homme extérieur, animal, charnel, est le vêtement obscurcissant de l'homme intérieur, spirituel, ainsi qu'un vase opaque pour une lumière qui y serait renfermée. Spiritualisez ce corps, l'âme ou la lumière qu'il contiendra rayonnera alors au dehors comme à travers un vase transparent de cristal. L'âme identifiée avec la chair n'entendant plus rien aux choses de l'esprit, Dieu a pris un corps afin d'inoculer ses vertus à cette âme, à travers la chair spiritualisée par la grâce. Au moyen de cette opération, le corps spiritualisé par le feu du Saint-Esprit, purifié de ses terrestréités, rendu transparent, se trouve revêtu d'un habit lumineux et par suite uni à Dieu tout feu et tout lumière. Puisqu'on attribue le feu à l'homme intérieur et le sel à l'homme extérieur, l'homme animal revêtant l'homme spirituel, le vêtement de ce feu sera le sel où le feu est renfermé en puissance. Car tout sel est de nature de feu, étant engendré de lui et participant de ses propriétés qui sont de purger, dessécher, conserver et cuire. Nous partons de là pour diviser notre matière en deux chapitres, dont l'un traitera du feu et l'autre du sel.

CHAPITRE PREMIER

DU FEU

Veut-on attaquer une place fortifiée? on se garde bien
d'y aller directement et sans précautions, de peur d'être
foudroyé tout d'abord ; mais on fait des tranchées, des
chemins couverts, courbes et obliques, enfin les travaux
qui permettent d'approcher de la place peu à peu, pour
y pratiquer une brèche et l'emporter d'assaut. Que l'on
nous pardonne donc de procéder de la même façon vis-à-
vis d'un sujet aussi ardu que le nôtre, pourvu que dans
ces conditions nos efforts soient couronnés de succès,
pourvu que nous établissions d'une manière évidente la
concordance qui existe entre le langage des philosophes
hermétiques et celui des écrivains sacrés de l'ancien et
du nouveau Testament.

Les Rabbins ont divisé tout ce qui existe en trois
mondes ou cieux, savoir : l'intelligible, le céleste et l'élémentaire, et ils ont pris de là occasion d'établir leurs
trois feux et leurs trois sels, car chaque monde a son feu
et son sel particulier, corespondant au ciel et à la terre
de Moïse.

1° Le monde élémentaire, notre monde d'ici-bas s'étendant jusqu'à la lune, sujet à une perpétuelle altération et

succession de vie et de mort, à qui Dieu a départi le feu terrestre et élémentaire, véritable source de bien-être par tous les usages auxquels peuvent être appliquées ses diverses propriétés d'éclairer, de chauffer et de mouvoir.

2° Le monde céleste s'étendant au-dessus du cercle de la lune, incorruptible tant en raison de sa substance pure et uniforme que de son mouvement continuel et égal. Ce monde possède le soleil qui distribue sa lumière et sa chaleur à tous les astres et à la terre que nous habitons, pour y produire et y vivifier toutes choses ; le soleil, image visible du Dieu invisible, qui comme un miroir réfléchit sa lumière ; le soleil par l'action duquel Dieu se manifeste à nos sens comme par un ministre.

Ces deux mondes constituent le monde sensible.

3° Enfin, le monde intelligible, domaine de Dieu, d'une essence toute spirituelle, n'ayant ni forme, ni corps, ne pouvant être compris de ses créatures, autrement que par ses attributs qui sont comme autant de vêtements. Ce monde a pour feu celui de la divine essence représentant le père d'où procède la lumière qui est le fils , unis tous deux par la chaleur, le feu du Saint-Esprit par lequel l'amour de Dieu et du prochain est allumé en nos cœurs. C'est en ce troisième monde ou ciel que fut ravi l'apôtre saint Paul ; c'est là où siége la divinité assistée de ses anges prêts à exécuter ses commandements.

Le monde intelligible, lumière pure, rayonne de son centre et pénètre toutes les créatures ; le monde céleste participant de la lumière et des ténèbres tient toutes ses qualités et vertus de la lumière ; le monde élémentaire est entièrement ténébreux.

A cause de son instabilité, le monde élémentaire a été symbolisé par l'eau ; en raison de sa pureté et de sa lumière, le monde intelligible a été symbolisé par le feu ; le monde céleste par l'air où viennent s'unir l'eau et le feu. À ce compte, la terre resterait pour les enfers (*inferiora*).

Mais il est certain que Moïse, par le mot *ciel*, a voulu désigner le monde intelligible, et par le mot *terre*, le monde sensible. Il comprenait sous le mot *ciel*, l'air et le feu qui par leur légèreté tendent en haut comme l'âme avec sa raison, et sous le mot *terre,* l'eau et la terre qui par leur pesanteur tendent en bas comme le corps avec ses sens. Cette interprétation nous est confirmée par Isaïe, chap. LXVI : « *Le ciel est mon siége et » la terre est mon marchepied,* dit le Seigneur, » et par Origène, en son traité sur saint Mathieu, chap. XXV : « *Le cœur de l'homme, spirituellement parlant, est » appelé ciel et trône de Dieu même.* » Dieu fit d'abord le ciel, c'est-à-dire toute substance spirituelle, afin de s'y reposer comme sur un trône, puis ensuite le firmament qui en est le corps, le temple.

Négligeant le monde intelligible, les poètes profanes avaient divisé le monde sensible en trois parties : A Jupiter était assignée la partie supérieure ou cercle de la lune; à Pluton, la partie terrestre, et à Neptune, la partie moyenne entre la terre et la lune, partie que les Platoniciens appelaient vertu génératrice à cause de son humidité imprégnée de sel portant à la génération, *salacitas.*

Rhazès, célèbre philosophe hermétique du Xe siècle, a exprimé sa pensée sur les mondes de la manière suivante : « Il y a, dit-il, trois natures : 1° L'essence divine, » cause première de tout ce qui existe, ne pouvant être » entrevue que par une méditation profonde; 2° le ciel » échappant à la vue et au toucher par sa faible densité » et sa propriété de contenir peu de matière sous un » volume considérable; 3° enfin le monde élémentaire » qui frappe nos sens, comprenant ce qui existe au-des-

» sous de la région éthérée où se meuvent les corps
» célestes. L'Éternel créa d'abord l'eau qu'il mélangea de
» terre et de ces deux éléments furent formés tous les
» êtres de notre monde. En ces deux éléments matériels
» et grossiers résident l'air et le feu, éléments plus subtils
» et plus légers. Ils sont tous mélangés ensemble de façon
» qu'on ne saurait les séparer parfaitement. La terre et
» le feu secs et solides sont fixes ; l'eau et l'air humides
» et liquides sont volatils. Les quatre éléments qui consti-
» tuent tous les corps ont quatre qualités : chaleur et
» sécheresse, froideur et humidité, accouplées en cha-
» cune d'eux : la terre possède froideur et sécheresse ;
» l'eau froideur et humidité ; l'air humidité et chaleur ;
» et le feu chaleur et sécheresse. Ces éléments sont circu-
» laires, c'est-à-dire que chacun est entouré des deux
» autres et s'approprie l'une de leurs qualités. Ainsi la
» terre entre le feu et l'eau prend une part de la séche-
» resse du feu et de la froideur de l'eau. Chaque élément
» en contient donc deux en lui, l'un corruptible, l'autre
» incorruptible participant de nature céleste, et cependant
» il y a deux sortes d'eaux : l'eau pure, simple et élé-
» mentaire, et l'eau commune des sources et des pluies.
» Il y a de même une terre grossière, pleine d'impuretés
» et une terre vierge, brillante et transparente existant
» au centre des composés élémentaires, revêtue de plu-
» sieurs enveloppes, difficile à dégager autrement que
» par un feu artistement et prudemment gradué. Il y a
» un feu qui se maintient presque sans aliment et qui
» devient de plus en plus blanc, brillant et subtil, et un
» autre rouge obscur qui brûle et extermine tout ce qu'il
» atteint. Il est aussi un air pur et net et un autre air
» corruptible et lourd. Les diverses substances qui, au
» sein d'un corps élémentaire, sont opposées, ennemies
» comme des causes de destruction, doivent en être ban-

» nies afin que les substances pures en soient délivrées.
» Le feu a seul la propriété d'opérer cette séparation et
» cette purification. Mais l'eau, l'air et le feu, éléments
» liquides, ne peuvent être séparés les uns des autres ;
» car si l'on distrayait l'air du feu, celui-ci s'éteindrait
» faute d'aliment ; si l'eau était séparée de l'air tout
» s'enflammerait ; si l'eau était privée d'air ou de feu, tout
» serait submergé. Ces trois éléments peuvent bien se
» séparer de la terre, mais jamais d'une façon si com-
» plète qu'une partie très-déliée ne s'y attache pour
» donner consistance au corps et le rendre tangible, ainsi
» qu'on peut le remarquer dans le verre se dégageant, au
» moyen du feu, de l'opacité des cendres pour passer à
» un état transparent qui a la nature d'un sel fixe et
» indissoluble, solide, épais et sans pores. »
Voici maintenant l'explication du Sohar : « Dieu, dit
» Moïse (Genèse, chap. 11), forma l'homme du limon de
» la terre ou autrement de poussière humectée de la
» vapeur sortie de l'eau chauffée par les rayons du soleil.
» La terre est sèche et froide par elle-même et partant
» stérile si l'humidité et la chaleur ne viennent en l'im-
» prégnant lui apporter la fécondité. La terre et l'eau,
» dont Adam fut formé, révèlent en lui une double
» nature ; nature mortelle tenant à ce bas-monde et na-
» ture immortelle tenant à l'autre. L'eau indique bien
» une substance susceptible de se spiritualiser, de se
» volatiliser, un esprit qui peut s'élever ; la terre, immo-
» bile par elle-même, ne se mêle pas volontiers aux trois
» autres éléments volatils, à cause de son extrême séche-
» resse ; elle se durcit même sous l'action du feu et
» devient rebelle par l'esprit de contradiction de la chair
» contre l'esprit ; de telle sorte qu'elle repousserait l'eau
» qu'on y voudrait introduire sans l'intervention de la
» subtile humidité de l'air qui, en la pénétrant, vient

» contraindre la terre à s'en empâter et l'enfermer en
» son sein comme en une prison ; à ce moyen, la terre
» demeure enceinte de l'air comme la femelle du mâle,
» car toute chose supérieure en ordre et en degré tient
» lieu de mâle à celle qui lui est inférieure et sujette. Si
» l'air humide et chaud qui les unit vient à être chassé
» de la terre froide et sèche, celle-ci s'efforcera de rejeter
» l'eau et de revenir à sa première sécheresse ; versez,
» en effet, de l'eau sur du sable, vous la voyez bientôt
» disparaître et s'en séparer. La terre résiste donc à
» l'action ramollissante de l'eau, de l'air et du feu. L'es-
» prit de contradiction, de révolte et de désobéissance fut
» ainsi introduit dans Adam par l'influence de la terre
» dont il avait été formé. Eve et Adam ont malheureu-
» sement justifié cette assertion en contrevenant à la
» défense de manger du fruit défendu sur le pernicieux
» conseil du terrestre serpent; de là la condamnation du
» serpent à manger de la terre, tous les jours de sa vie,
» et celle de l'homme à labourer la terre, à la sueur de
» son front, jusqu'à ce qu'il y rentrât. L'eau qui figure
» les pensées sublimes où peut s'élever notre esprit, dési-
» rant se mêler à toutes choses pour leur donner nais-
» sance et accroissement, est comme un véhicule ou
» vêtement de l'esprit, suivant les paroles de Moïse:
» *L'esprit de Dieu était porté sur les eaux, vivifiant
» tout de sa chaleur.* On a donc pu dire que l'esprit
» docile au frein de la raison s'était insinué par l'eau
» dans Adam, de même que la chair réfractaire qui con-
» voite contre l'esprit et regimbe contre l'éperon y entra
» par la terre. L'esprit net et pur élut sa résidence dans
» l'eau parce que la terre réfractaire ne pouvait sympa-
» thiser avec l'eau. En effet, l'eau ne peut se mêler avec
» le sable dont l'extrême sécheresse cause la division des
» parties qui le constituent, pas plus qu'avec l'argile

» onctueuse et grasse ; et si elle se mêle au limon quelques
» instants, elle a bientôt repris le dessus pour le laisser
» occuper le dessous. Tant la nature de ces deux éléments
» est différente! l'un complétement immobile, solide et
» compacte, l'autre fluide, remuant et coulant à l'instar
» du sang où résident les esprits qui, en raison de leur
» subtilité, tendent à s'élever vers la région du feu et à
» prendre des qualités ignées. L'eau, en effet, qui
» indique l'esprit intérieur, s'efforce de se dépouiller de
» cette coagulation externe (car toute coagulation est
» une espèce de mort, toute liquéfaction, au contraire,
» une espèce de vie) et ne voudrait jamais plus s'associer
» à la terre rebelle sans la volonté du tout-puissant qui
» pour le maintien de son œuvre les contraint à s'accor-
» der en quelques points par son ange et son ministre
» qui préside à l'air, c'est-à-dire le soleil conservateur
» et auteur de l'esprit et chaleur vitale. L'homme, au
» reste, a son libre arbitre pour agir dans le sens qu'il
» voudra. *« Si vous faites bien, n'en serez-vous pas ré-*
» *compensés et si vous faites mal, ne porterez-vous*
» *pas aussitôt la peine de votre péché? votre concu-*
» *piscence sera sous vous et vous la dominerez. »*
» *(Genèse IV)*. Si l'homme adhère à la terre, c'est-à-dire
» aux concupiscences charnelles auxquelles il est si fort
» enclin, il fera le mal ; s'il adhère à l'esprit désigné par
» l'eau, tout ira bien. *Je répandrai*, dit le Seigneur, *les*
» *eaux sur les champs altérés et les fleuves sur la*
» *terre sèche; je répandrai mon esprit sur votre*
» *postérité et ma bénédiction sur votre race, et ils*
» *germeront parmi les herbages comme les saules*
» *plantés sur les eaux courantes (Isaïe, ch. XLIV)*.
» Tandis que l'eau demeure unie à la terre, le bon esprit
» habite en l'homme; dès que la terre par sa sécheresse
» ennemie rejette l'eau, il n'y reste plus que sa dure obsti-

» nation réfractaire jusqu'à ce que de nouveau, par l'in-
» tervention de l'air, c'est-à-dire des inspirations de
» l'Esprit-Saint qui les unit, elle soit ramollie et détrem-
» pée. Saint Jean, chap. IV de son évangile, fait allusion
» à cette eau vive, à notre Sauveur, source intarissable
» de grâce par lequel l'Esprit-Saint s'introduit en nos
» cœurs, y détrempe la dureté de notre terre, l'arrose et
» la féconde pour lui faire produire des fruits murs de
» bonnes œuvres. Quand nous avons ce bon esprit d'eau
» salutaire, gardons-nous de le rejeter, de peur que notre
» terre ne se dessèche et ne soit infructueuse. A chaque
» instant les écrivains sacrés font mention de cette eau.
» Ici, c'est David qui s'écrie, Ps. 35 : *Quoniam apud te*
» *est fons vitæ et in lumine videbimus lumen. La*
» *source de la vie est en vous et nous verrons la lu-*
» *mière dans votre lumière même.* Rapprochement
» frappant de l'eau avec la lumière et le feu; là, c'est
» Jérémie, chap. 8: *Ils m'ont abandonné, moi qui*
» *suis une source d'eau vive, et ils se sont creusé*
» *des citernes entr'ouvertes qui ne peuvent retenir*
» *l'eau.* »

Trois sciences correspondaient aux trois mondes que
nous avons indiqués : La théologie à l'intelligible, le
magisme au céleste et l'hermétique à l'élémentaire.

1° L'hermétique révèle les secrets les plus cachés de la
nature par la résolution et la séparation des éléments
obtenues au moyen du feu. Prenez un composé élémentaire tel que bois, herbe ou autre; introduisez-le dans
une cornue, soumettez-le à un feu modéré, vous verrez
l'eau d'abord, puis l'huile s'en séparer; renforcez le feu,
vous les verrez sortir simultanément. Vous enlèverez
aussi facilement l'huile qui surnagera, au moyen d'un
entonnoir de verre, que vous enlèverez l'eau par le bain-
marie. Cette eau est appelée mercure, matière pure et

nette par elle-même; l'huile est appelée soufre, matière inflammable, pleine d'impuretés qui corrompt tout le composé. Au fond du vase resteront les cendres, d'où l'on extraira d'abord le sel en le lessivant avec de l'eau, puis les terres desséchées propres à se vitrifier. Vous trouverez ainsi deux *éléments volatils ou liquides,* c'est-à-dire l'eau et l'air ou l'huile, car il est de la nature des substances liquides de fuir le feu qui sublime l'eau et brûle l'huile, et *deux éléments secs, solides et fixes,* le sel contenant du feu, et la terre pure qui est le verre. Le feu n'a sur ces derniers d'autre action que celle de les fondre et de les affiner. Le mercure tient plus de l'eau, l'huile ou soufre de l'air, le sel du feu et le verre de la terre que l'on trouve la dernière au centre de tous les composés élémentaires. Par l'action du feu, nous arrivons à résoudre toute matière imparfaite à une pureté de substance incorruptible, en opérant la séparation des impuretés inflammables et terrestres, *ut grossioribus partibus abjectis opus cum levioribus perficiatur;* nous montons ainsi des corruptions d'ici-bas à la pureté du monde céleste où domine le fixe, dans la région où se forme la pierre philosophale.

2° Le magisme, ou science des astres, véritable médecine de l'âme, enseignée aux fils aînés des rois de Perse pour inculquer en eux l'amour et le respect de la divinité et pour leur apprendre à adopter dans leur royaume les lois qui régissent l'univers et l'entretiennent dans une si belle harmonie; véritable moyen d'établir un commerce du ciel avec la terre et d'appliquer les vertus agentes aux passives pour produire des effets surnaturels.

3° La théologie qui traite de la création ou du monde sensible de Moïse, en même temps que du trône de Dieu, dont parle Ezéchiel dans cette vision où il nous signale le feu comme le symbole le plus sensible de la divinité ici-bas et le plus susceptible de nous élever à la connaissance des choses spirituelles, ainsi que par une échelle de Jacob ou une chaîne d'or homérique.

Dieu, avons-nous dit, a fait le monde à son image, et l'homme à l'image du monde ; et entre Dieu et la créature, il y a une telle relation, qu'ils ne peuvent être compris autrement que l'un par l'autre. La nature sensible est à l'égard de la nature intelligible comme la lune à l'égard du soleil, la première tient toute sa lumière du second. La gloire et l'essence de Dieu ne peuvent vraiment s'apercevoir qu'en la matière sensible qui en est l'image. Tel est un flambeau dont la flamme ne brille à nos yeux qu'à la condition d'être incorporée à une substance corruptible et mise en contact avec l'air inflammable. Telle est une âme que l'on ne peut arriver à connaître et à analyser que par les fonctions qu'elle exerce en notre corps pendant la vie.

Du monde intelligible découlent dans le monde céleste et de là dans le monde élémentaire les connaissances acquises par notre esprit des œuvres de la nature que postérieurement l'art s'efforce d'imiter. Le feu élémentaire est l'opérateur des œuvres de l'art, comme le soleil ou feu céleste est l'opérateur des œuvres de la nature, comme au monde intelligible le Saint-Esprit avec le Verbe sont les opérateurs du Père. Voilà pourquoi Hermès énonce que l'âme humaine est comme un miroir où se reflètent les rayons de la divinité figurée à nos sens par le soleil du ciel et notre feu de la terre qui nous pénètrent d'un désir ardent de connaître et d'aimer Dieu.

Le feu, symbole le plus frappant de la divinité, symbolise admirablement avec l'âme, rayon de la divinité. Ces affinités n'avaient point échappé à la sagesse antique ; aussi avait-elle personnifié le feu céleste sous le nom de Pallas ou Minerve, et le feu terrestre sous celui de Vesta ou de Vulcain. Le feu terrestre, plus grossier, et plus matériel que le feu céleste, tend toujours en haut, semblant vouloir se dégager de la substance corruptible où il est attaché, pour regagner son domicile d'origine, ainsi qu'une âme renfermée dans un corps ; l'autre, au contraire, quoique d'une nature plus subtile, s'élance vers la terre ; tous deux aspirent à se rencontrer à l'instar de deux pyramides, dont l'une, assise sur la terre comme l'obélisque d'Égypte, dirige sa pointe vers le ciel, semblant y lancer de la terre, les vapeurs subtiles qui alimentent le soleil et les astres. La pyramide renversée comme celle de Mycènes, paraissant enracinée dans le Zodiaque, figure Pallas, épanchant sur la terre le feu céleste, source de toute génération et de toute production. Les poètes connaissaient ces deux feux, car Homère chantait la forge de Vulcain dans le ciel (*Iliade*, livre XVIII), et Virgile, dans une île dite Vulcanienne, près de la Sicile (*Énéide*, livre VIII). Chez les Hébreux, le feu qui brûlait sur l'autel du Seigneur, envoyé du ciel au temps de Moïse, renouvelé sous Salomon et Néhémias, pouvait seul servir aux sacrifices, à l'exclusion du feu étranger. Par imitation, chez les Romains, les Vestales ne pouvaient rallumer le feu sacré ailleurs qu'au soleil, par le moyen des verres ardents. Le feu a toujours passé pour un vrai médiateur entre l'homme et Dieu. Pour nous chrétiens, nous devons aussi le tirer du ciel, car le feu étranger, le feu des désirs des biens terrestres nous priverait du secours divin plutôt que de nous rendre la divinité propice. Notre cœur, de forme pyramidale, est appelé à recevoir par ses valvules l'abondance des grâces communiquées d'en haut par la pointe du sacré triangle, mais ses désirs et affections doivent aussi rayonner vers Dieu par un feu d'amour et

de charité ; de ce rayonnement, de ce commerce intime
et merveilleux résultera la vie et l'amour de notre âme
pour son Dieu, amour qui nous fera christs, rois, et
nous vaudra un trône éternel près de lui. Le feu était
encore chez les anciens un symbole de royauté et se
portait devant les rois de Perse. Le chrétien doit, en sa
qualité de roi des autres créatures, employer le feu en son
sacrifice. Il faut que la flamme paraisse en sa tête ou
mieux en son cœur, afin que la prière qu'il offrira avec
cette flamme soit un augure de son empire. C'est là le
mariage de Vulcain avec Pallas, et c'est ainsi qu'il faut
les accoupler dans le lectisterne d'une pieuse oraison.

« *Venez, esprit créateur, visiter les âmes de ceux*
» *qui sont à vous, et remplissez de votre grâce les*
» *cœurs que vous avez créés!* »

« *Vous êtes notre consolateur, le don du Dieu très-*
» *haut, la fontaine de vie, le feu sacré de la charité*
» *et l'onction spirituelle de nos âmes!* »

Les nombreuses analogies qui existent entre les choses
de l'ordre physique et celles de l'ordre moral, ont conduit
parallèlement les écrivains sacrés et les écrivains hermétiques à comparer l'action purifiante du feu terrestre
sur les corps et notamment sur les métaux à l'action de
l'Esprit-Saint sur l'homme dans l'œuvre de son perfectionnement moral.

Ouvrez les hermétiques et vous lirez :

1° Par la combustion d'un corps vous avez obtenu
d'une part les cendres qui contiennent le sel et le verre
avec les deux éléments solides et fixes : feu et terre, et
d'autre part la suie qui comprend les deux éléments volatils et liquides, c'est-à-dire l'eau appelée mercure par
les hermétiques, vapeur par les naturalistes, et l'air
appelé soufre par les hermétiques, exhalaison, gaz par
les naturalistes. Le reliquat en sel et terres est peu consi-

dérable, mais suffisant néanmoins pour constater l'existence des quatre éléments dans la résolution de tous les composés élémentaires. Prenez alors de la suie au faîte de la cheminée, remplissez-en une grande cornue aux deux tiers, appliquez-y un grand récipient enveloppé de linges imbibés d'eau froide, chauffez modérément, vous en verrez sortir successivement eau et huile qui passeront dans le récipient. Forcez le feu jusqu'à ce que les terres qui occupent le fond soient calcinées. Remettez de nouvelle suie et continuez jusqu'à ce que vous ayez assez de terres. Après avoir enlevé l'huile surnageante au moyen d'un entonnoir de verre, puis l'eau par le bain-marie, jetez sur les terres mises à part dans un creuset, cette eau suffisamment chaude, jusqu'à ce que le sel qui s'y trouve soit dissous dans cette eau, c'est-à-dire putréfiez la matière pendant douze jours, enlevez cette eau par distillation en calcinant les terres par un feu de sept à huit heures. Remettez l'eau de nouveau sur les terres, putréfiez, distillez et calcinez comme dessus. Au moyen de l'eau et du feu, les terres se calcineront jusqu'à ce qu'elles aient absorbé la plus grande partie de leur eau, ce qui aura lieu à la sixième ou à la septième opération. Donnez alors un feu de sublimation, et du centre de ces terres (argile, limon et sable), il s'élèvera une terre vierge, pure et d'une transparence cristalline, formée de deux substances incorruptibles, sel et sable, au moyen de l'eau qui s'est congelée dessus ; c'est là cette terre dont on a comparé la composition à celle du verre fait de sel de soude fixé avec du sable par le feu du four, affiné et rendu transparent au moyen d'une addition de minium (plomb calciné). C'est là cette terre devenue le symbole du perfectionnement moral, produit de l'Esprit-Saint, comme le verre est le produit le plus parfait de notre feu, comme l'or est le produit le plus parfait du soleil ; rap-

rapprochements que nous trouvons au chapitre XXI de l'Apocalypse de saint Jean, sous ces mots : *Je vis un ciel nouveau et une terre nouvelle, et la sainte cité était d'or pur, semblable à du verre très-clair.*

2° Quelquefois les hermétiques prennent l'opération de la coupellation comme terme de comparaison. Lorsque l'intérieur de la mouffle du fourneau paraît d'un rouge légèrement blanc, vous introduisez dans la coupelle avec un gramme d'alliage de cuivre et d'argent environ huit grammes de plomb, toute la masse métallique entre bientôt en fusion, le plomb et le cuivre s'oxydent et l'oxyde de plomb dissout celui de cuivre à mesure que ce dernier se produit, puis il s'infiltre dans les parois de la coupelle, tandis que l'argent reste seul sous la forme d'un bouton métallique. Pendant la durée de l'opération, il se dégage des vapeurs blanches, dues à la volatilisation d'une partie du plomb, qui s'oxydent dans l'air. La surface du bain se recouvre d'une pellicule et de petits globules d'oxyde fondu qui se meuvent avec rapidité. Enfin, au moment où les dernières traces des métaux oxydables vont disparaître, il se produit à la surface du bouton métallique, un phénomène d'irrisation remarquable qui est bientôt suivi d'une illumination soudaine et instantanée qu'on appelle éclair. Cette première opération terminée, broyez les coupelles empâtées de la matière vitrifiée, purifiez le tout avec de l'eau tiède, mettez-le avec du sel de tartre et du sel de nitre dans un descensoir chauffé fortement, vous en verrez couler une composition métallique qui, recoupellée avec du nouveau plomb, donnera un argent plus pur que la première fois; répétez cette opération jusqu'à sept fois et vous aurez enfin l'argent pur auquel font allusion David en son psaume XI, et l'apôtre saint Paul en sa 1re épitre aux Corinth., chap. III, pour exprimer que la perfection humaine ne s'acquiert que peu à

peu et par degrés ; à chaque opération, les terrestréités,
c'est-à-dire les parties les plus grossières du métal, disparaissent, si bien que les parties séparées par le feu
pendant la dernière opération sont beaucoup plus pures
et essentielles que les premières.

Que pensent et que disent les chimistes contemporains
sur l'art sacré des hermétiques leurs devanciers ?

« Les prêtres égyptiens qui pratiquaient l'art sacré,
» étant parvenus à décomposer et à recomposer certains
» corps, aspiraient à reproduire l'œuvre de la création ;
» ils pensaient pouvoir saisir les procédés les plus secrets
» de la nature et pouvoir contraindre la matière à
» prendre les formes qu'il leur plairait de lui imposer.
» Ce qu'il y a de remarquable, c'est que cette espérance
» était fondée sur l'observation de faits réels, mais elle
» n'était pas suivie du résultat sérieux qu'ils annon-
» çaient. » Sans doute que se proposer de trouver la
substance propre à transformer les métaux vils en or et en
argent, et découvrir un élixir capable de guérir tous les
maux et de prolonger la vie de l'homme, eût été, dans
le sens matériel et littéral, un projet vraiment chimé-
rique, mais dans le sens spirituel et allégorique, trouver
la vraie source de la santé et de la richesse et décrire
l'opération du perfectionnement moral de l'humanité,
était l'œuvre la plus noble et la plus utile à laquelle on
pût s'employer.

« Transportons-nous un moment par la pensée, dit
» Hoëfer (*Histoire de la Chimie,* édition de 1843),
» dans le laboratoire d'un des grands maîtres de l'art
» sacré, et assistons en initiés à quelques-unes de ses
» opérations : — 1° On chauffe de l'eau ordinaire dans
» un vase ouvert, l'eau bout et se réduit en un corps
» aériforme (vapeur), en laissant au fond du vase une
» terre blanche pulvérulente. Conclusion : l'eau se change

» en *air* et en *terre*. Qu'aurions-nous à objecter contre
» cette conclusion, si nous n'avions aucune idée de
» l'existence des matières que l'eau tient en dissolution
» et qui, après la vaporisation, se déposent au fond du
» vase ? — 2° On porte un fer rougi au feu sous une
» cloche maintenue sur une cuvette pleine d'eau : cette
» eau diminue de volume, et une bougie portée sous la
» cloche allume aussitôt le gaz qui s'y trouve. Conclu-
» sion : l'eau se change en *feu*. Cette conséquence ne
» devait-elle pas se présenter naturellement à l'esprit
» d'initiés qui ignoraient que l'eau est un composé de
» deux corps gazeux dont l'un (oxygène) est absorbé par
» le fer et dont l'autre (hydrogène) s'allume au contact
» de la flamme? — 3° On brûle (calcine) du plomb ou
» tout autre métal (excepté l'or et l'argent) au contact
» de l'air ; il perd aussitôt ses propriétés primitives et se
» transforme en une substance pulvérulente, en une
» espèce de *cendres* ou de chaux. On reprend ces
» *cendres* qui sont le résultat de la *mort du métal;* on
» les chauffe dans un creuset avec des grains de froment
» et on voit le métal renaître de ses cendres avec sa
» forme et ses propriétés premières. Conclusion : le
» *métal,* détruit par le feu, est *revivifié* par le froment
» et la chaleur. Il n'y avait rien à opposer à cette con-
» clusion, puisque la réduction des oxydes au moyen du
» charbon, ou d'un corps organisé, riche en carbone,
» tel que le froment, n'était pas plus connue que le phé-
» nomène de l'oxydation des métaux. Les grains de fro-
» ment, ayant la faculté de ressusciter et de revivifier les
» métaux morts et réduits en cendres, deviendront le
» symbole de la résurrection et de la vie éternelle. —
» 4° On brûle du plomb argentifère dans des coupelles
» faites avec des cendres ou des os pulvérisés. Le plomb
» disparaît et, à la fin de l'opération, il reste dans la

» coupelle un bouton d'argent pur. Rien n'était plus na-
» turel que de conclure que le plomb se transformait en
» argent, et d'échafauder sur ce fait et d'autres faits
» analogues la théorie de la transmutation des métaux
» qui plus tard devait amener la recherche de la *pierre*
» *philosophale*. — 5° On verse un acide fort sur du
» cuivre; le métal est attaqué et finit au bout de quelque
» temps par disparaître, en donnant naissance à une
» liqueur verte, transparente. On y plonge ensuite une
» lamelle de fer et l'on voit le cuivre reparaître avec son
» aspect ordinaire, en même temps que le fer se dissout
» à son tour. Quoi de plus simple que de conclure que le
» fer s'est transformé en cuivre? Si, à la place de la
» dissolution de cuivre, on avait employé une dissolu-
» tion de plomb, d'argent ou d'or, on aurait dit que le
» fer s'était transformé en plomb, en argent ou en or. —
» 6° On fait tomber du mercure en pluie fine sur du
» soufre fondu et l'on obtient une matière noire comme
» l'aile du corbeau. Cette matière, chauffée dans un
» vase clos, se volatilise sans s'altérer et se présente
» avec une éclatante couleur rouge. Ce curieux phéno-
» mène, encore inexplicable dans l'état actuel de la
» science, ne devait-il pas frapper d'étonnement les initiés
» à l'art sacré et agir d'autant plus sur leur imagina-
» tion que pour eux le *noir* et le *rouge* n'étaient rien
» moins que des symboles des ténèbres et de la lumière,
» du mauvais et du bon principe, et que la réunion de
» ces deux principes représentait dans l'ordre moral
» l'*Univers-Dieu?* — 7° Enfin, on chauffe des substances
» organiques dans un appareil distillatoire; on obtient
» un résidu solide, des liquides qui passent à la distilla-
» tion et des esprits qui se dégagent. De semblables
» résultats ne venaient-ils pas à l'appui de la théorie,
» d'après laquelle la terre, l'eau, l'air et le feu formaient

» les quatre éléments du monde? » Comme on le voit, le
point de départ de toutes ces doctrines était l'observation
et l'imitation de la nature. Il ne faut donc pas s'étonner
qu'elles aient été cultivées avec ardeur, non-seulement
par les prêtres, mais encore par dès esprits de l'ordre le
plus élevé.

Après Hoëfer, nous allons entendre Dumas.

Ripley donne ainsi qu'il suit la manière de préparer
la pierre philosophale par la voie humide :

« Pour obtenir l'*élixir des sages*, il faut prendre de
» l'azoque ou mercure des philosophes et le calciner
» jusqu'à ce qu'il soit transformé en *lion vert;* lorsqu'il
» a subi cette transformation, on le calcine de nouveau
» pour le transformer en *lion rouge,* puis on fait digérer
» au bain de sable ce *lion rouge* avec l'*esprit aigre des*
» *raisins.* On évapore ce produit, et le mercure se prend
» en une espèce de gomme qui se coupe au couteau.
» Cette matière gommeuse étant placée dans une cucurbite
» lutée, on dirige sa distillation avec lenteur. On ré-
» colte séparément les liqueurs qui paraissent de diverses
» natures, et on obtient un phlegme insipide, puis de
» l'esprit et des gouttes rouges. *Les ombres cymmé-*
» *riennes* couvrent alors la cucurbite de leur voile
» sombre, et on trouve dans son intérieur un véritable
» *dragon,* car il mange sa queue. Après avoir saisi ce
» *dragon noir,* on le broie sur une pierre et on le
» touche avec un charbon rouge. Alors, il s'enflamme
» en prenant une *couleur citrine glorieuse,* et il repro-
» duit le lion vert. On fait qu'il avale sa queue, et l'on
» distille de nouveau le produit, après quoi on rectifie
» soigneusement et l'on voit paraître l'*eau ardente* et le
» *sang humain.* »

Dumas interprète ainsi ce passage :

» Appelez plomb ce que l'hermétique appelle azoque,

» et toute l'énigme se découvre. Il prend du plomb et le
» calcine ; le métal s'oxyde et passe à l'état de massicot
» (lion vert). En continuant encore la calcination , le
» massicot se suroxyde et se change en minium (lion
» rouge). Il met ce minium en contact avec du vinaigre
» (esprit aigre des raisins). L'acide acétique dissout
» l'oxyde de plomb. La liqueur évaporée ressemble à de
» la gomme : ce n'est autre chose que de l'acétate de
» plomb. La distillation de l'acétate donne lieu à divers
» produits et particulièrement, à de l'eau chargée d'a-
» cide acétique et d'esprit pyroacétique ou *acétone,*
» accompagné d'une petite quantité d'une huile brune
» ou rouge. Il reste dans la cornue du plomb très-divisé
» et par conséquent d'un gris sombre qui rappelle les
» ombres cymmériennes. Ce résidu jouit de la propriété
» de prendre feu à l'approche d'un charbon allumé et
» repasse à l'état de massicot, dont une portion, mêlée
» avec la liqueur du récipient, se combine peu à peu
» avec l'acide que celle-ci renferme et ne tarde pas à
» s'y dissoudre. C'est là le *dragon noir* qui mord et
» avale sa queue. On distille de nouveau , puis on rec-
» tifie, et, en définitive, on a de l'esprit pyroacétique
» (eau ardente) et une huile d'un brun rouge (sang hu-
» main), qui a la propriété de réduire l'or de ses dissolu-
» tions et de le précipiter à l'état métallique, propriété
» qui avait attiré toute l'attention de Raymond Lulle et
» des autres hermétiques du moyen-âge. »

Il résulte de ce que nous avons dit du feu et des quatre
mondes, que celui du monde intelligible est tout lumineux, celui du monde céleste est brillant et chaud, celui
du monde élémentaire brillant, chaud et brûlant, et
celui des enfers tout brûlant. Les trois propriétés principales du feu sont d'éclairer, de chauffer et de brûler,
mais ses effets et ses opérations sont infinies. Il est cause

de tout mouvement, *Sublato calore nullus fit motus;*
il purifie de leurs impuretés tous les corps sur lesquels
il exerce une action : *Lavabit Dominus sordes filiorum
Israël spiritu combustionis.* (Isaïe, IV.) La vertu attribuée au feu, comme à l'eau, de purifier l'âme et le corps,
les a fait adopter dans plusieurs cérémonies chrétiennes,
et notamment dans le baptème, où l'on ajoute un cierge
allumé au signe sacramentel de l'eau, parce que saint
Jean baptisa dans l'eau pour porter à la pénitence, et
que Jésus-Christ baptisa dans le Saint-Esprit et dans le
feu pour la rémission des péchés. Le fleuve de feu, que
« Daniel vit sortir de devant la face de l'ancien des jours
» (chap. VII) est certainement, dit le Sohar, ce fleuve de
» feu brillant où les vêtements des âmes qui montent là-
» haut sont lavés et purifiés de la vieille écume du ser-
» pent. Pareil fait se produit journellement dans le blan-
» chissage du linge, où l'on voit les matières grasses qui
» le salissent, s'en séparer au moyen d'autres corps tels
» que les lessives et savons composés de sels gras et
» onctueux qui se combinent avec elles, les rendent so-
» lubles et permettent ensuite à l'eau de les entraîner.
» Les sels étant de nature de feu ont, comme lui, la pro-
» priété non-seulement de nettoyer de leurs impuretés
» les corps qu'on leur soumet, mais de les préserver de
» la corruption. De même, le feu de l'amour divin pu-
» rifie l'âme des souillures qu'elle a contractées dans la
» chair et la maintient en état de pureté, tant qu'il est
» entretenu pour dévorer et consumer l'écume immonde
» qui y était attachée. »

Langage en parfaite harmonie : 1° avec le texte de saint
Marc déjà cité : *Tout homme sera salé de feu, et toute
victime sera salée de sel;* car saler, purifier et brûler
n'ont ici qu'une même signification ; 2° avec ce texte de
Zacharie, ch. XIII : « *Je les ferai passer par le feu*

» où *je les épurerai comme on épure l'argent,*
» *et je les éprouverai comme on éprouve l'or ;* » 3° enfin avec ce texte de saint Paul (1er ad Cor., ch. III) :
« *Si quelqu'un élève sur le fondement qui est Jésus-*
» *Christ un édifice d'or, d'argent, de pierres pré-*
» *cieuses, de bois, de foin, de paille, l'ouvrage de*
» *chacun paraîtra enfin; le jour du Seigneur fera*
» *voir quel il est, parce que ce jour sera manifesté*
» *par le feu, et que le feu mettra à l'épreuve l'ou-*
» *vrage de chacun. S'il demeure sans être brûlé, il en*
» *recevra récompense; s'il est brûlé, il en recevra*
» *la perte, il sera sauvé cependant comme en pas-*
» *sant par le feu.* »

Outre ses propriétés d'éclairer, de chauffer, de cuire,
le feu possède encore celle de séparer les parties hétéro-
gènes et dissemblables, et après avoir enlevé les superfluités corrompantes, chassé l'humidité, brûlé l'onctuosité et les terrestréités qui en restent, il rassemble les
parties homogènes et pures en un tout nouveau, composé d'âme, d'esprit et de corps, désormais inséparables
et incorruptibles, se rapportant aux trois mondes,
savoir : l'âme à l'intelligible, l'esprit au céleste, et le
corps à l'élémentaire; non pas qu'il faille entendre par
âme, une âme sensitive et raisonnable, ni par esprit, un
esprit vital comme celui des animaux, mais des substances équivalentes. L'on obtient ainsi la pierre philosophale, produit de la transmutation par le feu, substance précieuse dont les hermétiques se sont servis pour
voiler les secrets du monde intelligible et de la résurrection où les corps seront glorifiés et réduits en une nature
spirituelle, dont aucun objet matériel ne saurait empê-
cher l'action. Telle est l'idée développée par Morien, l'un
d'eux, devant le roi Calid : « Celui qui aura su bien net-
» toyer et blanchir l'âme, puis la faire monter en haut;

» celui qui aura bien gardé son corps, en aura éliminé
» toute noirceur et toute mauvaise odeur, pourra voir
» cette âme se remettre en son corps, et à l'heure de leur
» reconjonction, de grandes merveilles se manifesteront. »
Le philosophe Rhazès est aussi explicite en l'une de
ses épîtres : « Chaque âme se réunira à son premier
» corps; désormais ils ne se sépareront plus, car alors
» le corps sera glorifié, et il sera doué d'une telle in-
» corruptibilité, d'une telle subtilité et d'un tel éclat,
» qu'il pénètrera toutes choses, quelque solides qu'elles
» soient, parce que sa nature participera de celle d'un
» esprit. » Pensée qui confine à celle de saint Paul (1ʳᵉ
ad Cor., ch. XV). « *Le corps animal est mis en terre*
» *plein de corruption, et il ressuscitera spirituel et*
» *incorruptible. Comme il y a un corps animal, il y*
» *a un corps spirituel, mais ce n'est pas le corps*
» *spirituel qui a été formé le premier, c'est le corps*
» *animal et ensuite le spirituel.* »
Nous tenons de saint Paul que : « *Dieu a dévoilé aux*
» *philosophes anciens ce qui peut se connaître de lui*
» *naturellement, car depuis la création du monde,*
» *l'œil de leur intelligence a vu par le miroir des réa-*
» *lités visibles ses perfections invisibles* (1ᵉʳ ad Rom.), »
et de Hugo, sur Raban Maure : « *Universus iste orbis*
« *sensibilis est quasi quidam liber scriptus digito Dei*
» *et singulæ creaturæ sunt figuræ quædam non hu-*
» *mano placito inventæ, sed divino arbitrio institutæ*
» *ad manifestandam invisibilem Dei sapientiam et*
» *operum ejus alta et spiritualia mysteria.* » Nous
savons d'autre part que les prophètes, pendant leurs
ravissements, ont vu les choses en leur état réel dans le
soleil supra-céleste, miroir et source de toutes les idées,
comme les idées le sont des formes; par suite nous ad-
mirons volontiers les allégories par lesquelles chacun

d'eux s'efforce de nous élever du monde sensible au monde intelligible ; mais quand pour célébrer les œuvres de Dieu, philosophes et prophètes ne semblent plus avoir qu'un même langage empruntant ses images et ses figures aux opérations du feu sur les métaux, nous sommes confondus et gagnés.

Le prophète-roi, au Ps. 17, nous en fournit un frappant exemple : « *Vous m'avez, ô mon Dieu, éprouvé par le » feu, et l'iniquité ne s'est pas trouvée en moi.* » Il s'y compare à un métal dont le feu doit révéler les impuretés. Ce rapprochement puise sa raison d'être dans ce fait qu'aucune substance ne convient mieux que les métaux pour révéler les secrets de la nature sous l'action du feu. En effet, les métaux sont d'une composition si puissante et si indissoluble que vous aurez beau les réduire en poudre, chaux, sel, eau, huile, verre et autres, vous les ferez sortir difficilement de leur forme radicale (la moindre de leurs molécules possédera encore les propriétés essentielles du tout, — Beudant), tandis que si vous altérez les autres composés élémentaires, tels que minéraux, végétaux et animaux, de leur forme primitive, vous ne pourrez plus jamais les y réintégrer. La nature se complaît dans l'élaboration des métaux et les conduit avec le temps à leur dernier degré de perfection qui s'arrête en l'or, la plus parfaite et la plus incorruptible de toutes les substances. Parmi les sept corps métalliques, dit Hermès, le plus précieux est certainement l'or, appelé aussi soleil, parce que le soleil est à l'égard des étoiles ce que l'or est à l'égard de tous les corps élémentaires. Aucun d'eux ne peut l'altérer parce que sa constitution est tempérée en chaleur, humidité, froideur et sécheresse. Le fer et l'airain, métaux les plus terrestres et les plus difficiles à faire fondre, sont, dans la bouche de Moïse (Lévit. 26 et Deut. 28), mis en regard de la dureté du

peuple hébreu : « *Je briserai la dureté de votre*
» *orgueil, je ferai que le ciel soit pour vous comme*
» *de fer et la terre comme d'airain, c'est-à-dire*
» *stériles.* »

Au nom du Tout-Puissant, Jérémie, ch. LX, promet à
Jérusalem convertie de lui donner « *de l'or au lieu de*
» *cuivre, de l'argent au lieu de fer, du cuivre au lieu*
» *de bois et du fer au lieu de pierres.* » Observant avec
la plus scrupuleuse exactitude les relations qui existent
entre ces divers métaux, le prophète oppose le cuivre à
l'or, le fer à l'argent, puis le cuivre au bois et le fer aux
pierres, parce que de même que l'or l'emporte sur l'argent et les arbres sur les pierres, ainsi dans l'ordre métallique le cuivre est plus précieux que le fer. Très-souvent
le fer et l'airain sont employés dans les Saintes Écritures
pour signifier une ferme résistance. « *Ma force n'est*
» *pas la force des pierres et ma chair n'est pas de*
» *bronze. (Job. VI.)* » « *Seigneur, vous avez fait de*
» *mes bras comme un arc d'airain. (Ps. 17.)* » « *Fille*
» *de Sion, foulez la paille, car je vous donnerai une*
» *corne de fer et des ongles d'airain. (Michée IV.)* »
Quelquefois le fer désigne une oppression rigoureuse,
parce que ce métal est inflexible de sa nature et qu'il
dompte tout. « *Reges eos in virgâ ferreâ. (Ps. 2.)* »
« *Eduxi te de formace ferreâ Egypti. (Deutér. IV.)* »
Le fer, mis en œuvre par le feu, a été comme ce dernier
très-utile à l'homme lorsqu'il l'a appliqué à augmenter
son bien-être, mais il est devenu nuisible et pernicieux
dès qu'il en a eu forgé des armes pour la guerre ; c'est
alors que vrai ministre de Mars, exterminateur et ruine
du genre humain, il a pris le nom de Mars lui-même.
(Hom., liv. V.) Dans la fiction mythologique de Vénus,
Vulcain et Mars, les poëtes ont sans doute voulu personnifier, en Vénus, le genre humain se perpétuant par l'union

des sexes; en Vulcain le feu, son légitime époux, qui au moyen de Mars, le fer, lui procure une foule de commodités qui embellissent son existence; par l'adultère ils ont entendu que Mars extermine la plus grande partie des créations de Vénus et que Vulcain maintient le fer pour un double usage, l'un bon, l'autre mauvais, suivant les instincts de ceux qui l'emploient.

Les prophètes, dans leurs allégories, ont généralement pris en bonne part l'or et l'argent, métaux les plus parfaits, comme ils ont pris en mauvaise part les autres métaux plus imparfaits. Ainsi pour eux l'étain, le cuivre, le fer symbolisaient les vices, l'opiniâtreté dans le mal, la dureté du cœur; le plomb les vexations et les châtiments; tandis que l'or symbolisait la droiture du cœur, la foi, la piété et les devoirs envers Dieu; l'argent les œuvres de charité et les devoirs vis-à-vis du prochain. Cette assertion a trouvé sa confirmation dans la découverte faite par un antiquaire, au milieu de divers ornements d'autel, de deux tablettes, l'une d'or, l'autre d'argent, sur lesquelles étaient inscrits les préceptes du Décalogue; le premier portant les trois préceptes qui concernent nos devoirs envers Dieu, en lettres azurées (*venetus,* bleu, couleur du ciel); la seconde, ceux qui établissent nos devoirs à l'égard du prochain, en lettres vertes (*prasinus,* πρασον, *persa,* *persica,* vert-clair, couleur de la terre).

En commentant le verset 10 du Cantique des Cantiques: *Nous vous ferons des chaînes d'or marquetées d'argent,* Origène nous assure que l'or figurait la nature invisible et incorporelle, et l'argent la vertu du Verbe, d'après ce texte d'Osée (chap. 11). *Je vous ai donné,* dit le Seigneur aux Hébreux, *de l'or et de l'argent et vous en avez fait des idoles de Baal,* c'est-à-dire: vous avez travesti le sens précieux des Écritures en leur donnant une interprétation mauvaise : c'est-à-dire encore: je vous ai donné sens et raison pour me connaître et m'aimer, et vous les avez employés à l'adoration des idoles, entendant par l'or le sens, la conception, la pensée, et par l'argent la raison, la parole, λογος, suivant ces autres expressions du sage des Proverbes, chap. 25 : « Les paroles » dites en leur temps sont comme des pommes d'or en- » châssées dans des rets d'argent. » L'or désignerait encore le cœur qui correspond au soleil et au feu, et l'argent signifierait les paroles avec le sel dont elles doivent être assaisonnées.

« L'or d'en haut, dit le Sohar à son tour, est l'or *sagur* » (enclos, enveloppé, σαττω pour σαγιω, σαγον, couvrir, » vêtement). Celui d'en bas est mieux perçu par nos sens. » L'or pur d'Evilath, renfermé dans l'argent (Genèse, 2), figurait admirablement le Messie dont la divinité est renfermée dans l'humanité. Le mélange d'or et d'argent qu'on remarquait au tabernacle, semblait annoncer l'union de la nature divine à la nature humaine. L'or dans l'argent marquait encore la miséricorde pour laquelle tout l'univers fut créé (Ps. 88) et sur qui est établi le trône de Dieu (Isaïe, 16). La rigueur du jugement y était désignée par le cuivre dont la couleur a du rapport avec celle du sang, sans l'effusion duquel il n'y a pas de rémission. Le serpent de cuivre, élevé par Moïse pour la guérison des Israélites qui, étant mordus par les serpents vénimeux du désert, voudraient bien y jeter les yeux, n'était que la répétition du même symbole.

Au reste, l'or, l'argent et le cuivre s'allient ensemble pour former l'Electre d'Ezéchiel qui a inspiré aux commentateurs les considérations suivantes : Le blanc de l'argent y représente l'eau, c'est-à-dire la miséricorde attribuée au père des miséricordes ; le cuivre par sa rougeur imite le feu qui y représente la rigueur et la sévérité de la justice attribuée au Saint-Esprit qui ne pardonne aucun blasphême lancé contre lui; au milieu des deux le jaune doré de l'or, composé de blanc et de rouge, attribué au fils qui dispense également la miséricorde et la justice.

Le laiton, alliage de cuivre et de zinc, qui par sa couleur extérieure imite l'or et qui dans son extérieur contient des matières imparfaites et impures, dénotait l'hypocrisie qui sous un masque religieux cache ses impiétés, sa convoitise, sa haine et ses désirs pervers.

Le plomb désignait les tribulations et les châtiments que Dieu envoie pour nous amener à résipiscence; car, ainsi que le plomb, appelé aussi eau de soufre, brûle et extermine les impuretés et les imperfections des métaux, la tribulation fait disparaître les souillures que l'âme a contractées dans la chair. Aussi, saint Ambroise l'appelle-t-il la clef du ciel, conformément à ces paroles des Actes des Apôtres (oh. XIV) : *Nous ne pouvons entrer dans le royaume de Dieu que par beaucoup d'afflictions.* Elle a été pour saint Paul l'objet d'une belle gradation : « L'affliction, dit-il au chap. V de son épître aux Ro- » mains, produit la patience, la patience l'épreuve, et » l'épreuve l'espérance de la gloire des enfants de Dieu ; » or, cette espérance n'est pas trompeuse parce que » l'amour de Dieu a été répandu dans nos cœurs par le » Saint-Esprit. » La tribulation a été également symbolisée par le feu qui, suivant saint Jérôme, éclaire les justes et aveugle les pécheurs. En effet, les iniquités et les offenses servent d'aliment au feu étranger qui brûle les pécheurs, au ver qui les ronge; tandis que le feu divin que l'Esprit-Saint allume dans le cœur des justes les illumine et ne les brûle pas; il les transforme au contraire et les élève à la dignité de christs. Jérémie, chap. VI, et Ezéchiel, chap. XXII, nous montrent le Seigneur passant les Israélites au feu des tribulations et les faisant fondre à plusieurs reprises avec le plomb de l'affliction pour l'expiation de leurs prévarications, par des procédés identiques à ceux dont usent les affineurs pour purger l'or et l'argent de leurs impuretés.

Nous avons dit que le feu et le sel avaient également la propriété de purifier les corps soumis à leur action ; il en est ainsi du feu spirituel, c'est-à-dire du feu de l'Esprit-Saint qui non-seulement éclaire les cœurs, mais les enflamme de foi, d'espérance et de charité, sale la conscience et la purge de la corruption de ses iniquités. « *Je* » *vous purifierai*, dit le Seigneur, *de toute votre écume* » *par le feu; j'ôterai tout l'étain qui est en vous.* » (Isaïe, ch. I, vers. 25.) Saint Augustin expliquant cette parole du Psalmiste : « *Nous avons passé par le feu* » *et par l'eau, et vous nous avez conduits au ra-* » *fraîchissement* » (Ps. LXV), nous fait remarquer que le feu et l'eau sont également dangereux pour nous en cette vie. « Le feu désigne toutes les adversités » du monde ; l'eau signifie les prospérités du siècle qui » s'écoulent comme l'eau, mais le feu brûle et l'eau dis- » sout et se corrompt facilement. Demeurons fermes en » présence du feu. Quand l'argile de notre vie aura subi » la cuisson de la flamme, elle ne craindra plus d'être » dissoute par l'eau ; si, au contraire, le vase n'était pas » bien cuit à la fournaise de la tribulation, l'eau de la » vanité temporelle viendrait le détremper comme de la » boue. » Le roi-prophète semble encore par ces expres-sions préconiser les purifications futures du baptême par l'eau et par le feu ; car le baptême visible s'effectue par l'eau visible, naturellement chargée de sels qui salent l'homme extérieur et le lavent du péché originel et de ses péchés véniels ; le baptême invisible qui brûle les péchés mortels en l'homme spirituel intérieur, s'opère par la grâce du Saint-Esprit représenté par le feu invisible de soi et qui ne s'aperçoit qu'à la condition d'être incorporé à une substance corruptible.

Mais, demandera-t-on, quelle est la nature et l'origine de ce feu qui purifie ainsi les âmes, y allume le feu de l'amour de Dieu et les éclaire de sa connaissance, car on n'aime que ce que l'on connaît? Nous ne pouvons connaître Dieu ni voir sa lumière autrement que par sa propre lumière : *In lumine tuo videbimus lumen* (Ps. 35), c'est-à-dire par son verbe et sa parole qui a daigné se revêtir de notre chair : *Ignitum eloquium tuum nimis et servus tuus dilexit illud.* (Ps. 118.) *Ce feu est donc celui que Jésus-Christ est venu apporter à la terre afin qu'il s'y allumât.* (Saint Luc, 12.) Origène parle de ce feu en l'une de ses homélies sur le chapitre XXVII et XXVIII de l'Exode où il donne la signification des couleurs des tissus qui devaient décorer le tabernacle ou vêtir les prêtres. « *Byssus, purpura, hya-* » *cinthus et coccus duplicatus, symbolisaient,* dit-il, » *les quatre éléments :* 1° *Le Byssus ou lin blanchi* » *représentait la terre d'où il provient où l'homme* » *qui comme le lin n'acquiert la blancheur de la* » *pureté que par un grand travail.* 2° *La pourpre* » *représentait l'eau d'où sort le coquillage qui four-* » *nissait la pourpre, ou l'homme lavé par l'eau* » *empourprée du sang du Christ qui ouvre la porte* » *du ciel.* 3° *La couleur hyacinthe représentait l'air* » *d'un bleu céleste, ou l'homme en commerce avec le* » *ciel.* 4° *Coccus duplicatus, l'écarlate teinte deux* » *fois représentait le feu avec sa couleur rouge, ou* » *l'homme devenu spirituel. C'est ce feu qui brûlait* » *intérieurement les pélerins d'Emmaüs, lorsque* » *Jésus leur expliquait les Écritures.* (Saint Luc, 24.) » *C'est ce feu qui a la double propriété d'éclairer et*

» *de brûler les choses corruptibles s'entend, car sur*
» *les incorruptibles son action se borne à les épurer.*
» *Comment un prédicateur parera-t-il l'Église d'é-*
» *carlate teinte deux fois ? S'il tonne contre les vices,*
» *sans expliquer au peuple le sens caché des Écri-*
» *tures, il n'offre que de l'écarlate simple, parce que*
» *ce feu brûle sans éclairer ; s'il se contente d'inter-*
» *préter l'Écriture sans s'élever contre les prévari-*
» *cations à la loi de Dieu, ce n'est encore que de*
» *l'écarlate simple, car ce feu ne fait qu'illuminer*
» *sans faire naître dans les âmes le feu de la con-*
» *trition auquel coopère la grâce du Saint-Esprit,*
» *feu domestique qui les doit saler pour les préserver*
» *de corruption.* » Rien en effet ne symbolise mieux,
avec la nature de l'âme, que le feu, tant à cause de son
activité qu'à cause de sa lumière qui lui donne la supé-
riorité sur les autres éléments. Voyez, d'ailleurs, comme
ils s'étagent : la terre opaque et ténébreuse au plus bas
comme la lie des autres ; au-dessus, l'eau, mais grossière et transparente ; plus haut, l'air, plus subtil et plus
transparent ; au sommet enfin, le feu, comme le plus
subtil et le plus pur. Plus un élément participe de la
lumière, plus il se rapproche de la divine essence qui est
la parfaite lumière, la parfaite beauté ; et plus, au contraire, un élément s'éloigne de la lumière, plus il s'approche de la dissemblance et de la difformité, indice de la
corruption. Car plus les parties d'un composé élémentaire sont semblables entre elles, moins elles sont corruptibles et séparables, point de vue d'où l'on est parti pour
comparer le feu à l'or et le feu à la nature céleste, toujours une, égale, semblable à elle-même et exempte
d'altération. — Voilà pourquoi le Sauveur nous engage : *à marcher vers la lumière et à fuir les té-*
nèbres, à prendre garde que la lumière qui est en

nous ne se convertisse en ténèbres. (Saint Luc, ch. XI, vers. 36.)

Le rapprochement établi par le Sohar entre Dieu nommé *feu consumant* et la lumière d'une bougie va servir à développer notre pensée. Nous y distinguons d'abord les quatre mondes : 1° La flamme blanche indique bien le monde intelligible en même temps que l'intellect, caractère divin imprimé dans l'âme ; 2° la flamme bleue le monde céleste et l'âme ; 3° le lumignon rouge le monde élémentaire et l'esprit vital résidant au sang ; 4° enfin le feu noir brûlant indique l'enfer et le corps qui est un véritable enfer. Ces couleurs du feu correspondent aussi aux quatre éléments : le noir comme plus matériel à la terre, le bleu plus spirituel à l'air, le rouge au feu, et le blanc à l'eau, car le ciel est composé de feu et d'eau, quoique le tout ne soit qu'un feu, selon le témoignage du philosophe Moïse, fils de Maynon qui, sous le nom de terre, comprend les quatre éléments formant au commencement l'abîme sur lequel dominait le premier feu appelé ténèbres, jusqu'à ce que Dieu y eût infusé l'esprit lumineux qui devait le vivifier. D'après le Sohar, tout ce qui adhère au feu noir est consumé et détruit, de sorte que si la lumière bleue (notre âme) adhère au feu noir ou au feu rouge figurant les concupiscences, le feu étranger s'y introduira pour tout détruire ; ce sera la mort spirituelle. Au contraire, si notre âme adhère à la lumière blanche qui domine les autres, sans en être altérée, nous serons salés d'un feu invariable, nous aurons la vie comme récompense de notre attachement à Dieu. (Deutér. IV.)

Voulons-nous passer du monde élémentaire au monde céleste et du monde céleste au monde intelligible, prenons l'échelle que nous tend le Sohar. Il nous montrera cette composition et ce régime des éléments dans les quatre

lettres du saint Tetragrammaton *iodhévauhé* (Jehovah),
comprenant tout ce qui fut, est et sera. « La finale *hé*
» représente le corps, la matière où le feu est attaché;
» le *vau* ou lien qui assemble les deux hé, c'est-à-dire
» l'intelligible et le sensible, figure les esprits unissant
» l'âme avec le corps, les feux rouge et bleu dénotent
» l'âme; enfin, le *iod* est la flamme blanche invariable de
» l'intellect, siége de la vraie lumière qui ne se connaît
» que par elle-même. En effet, notre nature, prise en
» elle-même, n'est qu'une substance ténébreuse, une
» vraie lune n'ayant de lumière qu'autant qu'elle en reçoit
» de Dieu, soleil supra-céleste et divin. » Aucune créature n'étant par elle-même une lumière substantielle ne
peut être réputée que pour une parcelle de la vraie lumière qui reluit en tout intelligiblement, comme les
rayons du soleil en un miroir. « C'est encore, continue
» le Sohar, l'Electre d'Ezéchiel dont procède : la lumière
» blanche qui correspond au monde intelligible et à
» l'homme intérieur, la lumière rouge qui correspond au
» monde sensible et à l'homme extérieur, puis la flamme
» bleue attachée au lumignon et à la flamme blanche
» adhérant tantôt à l'un et tantôt à l'autre ou l'âme
» tenant le milieu entre les deux, inclinant tantôt au mal
» et tantôt au bien, pour laquelle Dieu est, suivant l'in-
» clination, tantôt un feu consumant et tantôt une
» lumière vivifiante. »

Dieu est la lumière et la vie par excellence et nombre
de passages des Saintes Écritures établissent qu'il se
complaît dans ces appellations: *Lumen ad revelationem
gentium* (Luc II, 32). *Ego sum lux mundi* (Joan. VIII,
12). *Erat lux vera* (Ib. 1, 9). *Ego sum via, veritas et
vita* (Joan. XIV, 6). *Candor lucis æternæ* (Sap. VII,
26). *Amictus lumine sicut vestimento* (Ps. CIII, 2).
Dieu a mis son tabernacle dans le soleil (Ps. 18). *Le*

soleil est le vase admirable de la puissance de Dieu
(Ecclés. 42). Saint Denis, en son chapitre des noms
divins, part de ces textes pour formuler une pensée qui
leur sert de commentaire. « De même, dit-il, que le
» soleil dispense sa lumière et sa chaleur à tous les êtres
» créés pour les recevoir, ainsi Dieu, lumière-supra-
» céleste, éclaire et vivifie tout ce qui existe, dissipant
» partout où elles se seraient introduites les ténèbres et
» les moisissures, embrasant notre âme d'un désir tou-
» jours plus vif de participer à cette lumière qui la con-
» duit par degrés à la jouissance du souverain bien,
» illuminant notre raison, faculté de l'âme par laquelle
» nous atteignons l'infini d'où elle procède. »

Après lui, Descartes et Fénelon: « De cela seul que
» Dieu m'a créé, il est fort croyable qu'il m'a en quelque
» façon produit à son image et ressemblance dans laquelle
» l'idée de Dieu se trouve contenue et que je la connais
» par la même faculté que je me connais moi-même.
» Comme le soleil sensible éclaire tous les corps, de même
» Dieu, soleil des intelligences, éclaire tous les esprits.
» La substance de l'œil de l'homme n'est point la lumière;
» au contraire, l'œil emprunte à chaque instant la lumière
» des rayons du soleil. Tout de même que notre esprit
» n'est point la raison primitive, la vérité universelle et
» immuable: il est seulement l'organe par où passe cette
» lumière originale qui en est éclairé. » En effet, suivant
la définition scientifique, la lumière est la cause de la
visibilité des corps, mais, chose étonnante! quand la
lumière illumine et révèle tout, c'est alors qu'elle se cache
le plus, puisqu'elle va jusqu'à nous éblouir et changer
notre clarté en ténèbres; il en est ainsi de Dieu vis-
à-vis de nous : *Sicut tenebræ ejus ita et lumen ejus.*
(Ps. 138).

Il ne faut donc jamais parler de Dieu sans lumière,

parce qu'il est la vraie lumière nous éclairant par sa parole : *Lucerna pedibus meis verbum tuum.* (Ps. 118.) Il est la vraie source de vie : *En lui était la vie et la vie était la lumière des hommes ; la lumière luit dans les ténèbres et les ténèbres ne l'ont point comprise.* (Joan. I, vers. 45.) De cette lumière nous tenons la vie dont nous vivons et la lumière par laquelle nous voyons celle qui nous éclaire. L'homme spirituel, c'est-à-dire l'homme véritable, jouit de l'une et de l'autre ; l'homme charnel ne jouit que de la vie, car, d'ailleurs, il est dans les ténèbres. La lumière est la joie et l'ornement dans une maison, comme la lumière spirituelle dans un corps. Si vous mettez une bougie allumée dans un vase opaque, la lumière ne se répandra pas au dehors ; mettez-la dans un vase de verre, corps subtil, transparent, spiritualisé, elle rayonnera comme l'âme dans les saints. Tout le monde sait que pour fabriquer du verre ordinaire, il suffit d'apprendre à fixer la soude avec le sable. Vous filtrez de la soude après sa dissolution dans de l'eau chaude, vous faites évaporer l'eau, vous coagulez le résidu en sel alcali, vous y mêlez alors des cailloux préparés, en réduisant le tout au four avec une addition de plomb calciné, vous obtenez le verre transparent. Pour fabriquer le verre spirituel ou le saint, il n'est besoin que d'apprendre à spiritualiser la matière et à la fixer en Dieu au moyen du feu de l'Esprit-Saint. Le divin ouvrier nous apprend comment l'eau de la pénitence lave et comment le feu de l'amour purifie. Tout le secret consiste à volatiliser le fixe et à fixer le volatil. Dieu veut que l'homme soit parfait comme lui, c'est-à-dire lumière. Avec le sel de la sagesse, il illumine de sa doctrine l'esprit de l'homme (sable et terre), avec le plomb de l'expiation et de la charité, il lui donne crainte et amour, il le spiritualise ainsi et le rend lumineux comme lui, père de la lumière. Ne nous a-t-il pas créés semblables à lui, participants de la lumière et de la vie qui en dépend *et vita erat lux hominum ?* Le Père n'est-il pas comme le soleil en son essence dont procèdent la splendeur et la chaleur unis ensemble pour former le feu du Saint-Esprit. (Innocent III.) Tel est le feu dont l'homme intérieur doit être salé, car saler, cuire et brûler expriment des effets semblables. Le sel cuit au palais comme le feu au toucher. Une chose salée n'est-elle pas à demi cuite pour la digestion et la conservation, et le feu ne produit-il pas les mêmes effets?

Du feu élémentaire, nous nous sommes élevés au soleil du monde céleste pour arriver à Dieu, soleil du monde intelligible. Nous avons vu que le cœur dans l'homme (microcosme) est le siége primitif de la vie, comme le soleil est le cœur du monde sensible (macrocosme), la source de la lumière et de la chaleur, départies à la terre et aux astres pour y porter la vie, comme Jésus-Christ, soleil de justice, est la lumière des âmes, s'éteignant dans les méchants pour y produire l'obscurité. *Lux impiorum extinguetur* (Job, XVIII), et se conservant dans les bons pour les conduire tant à la science des choses spirituelles qu'à celle des choses sensibles. En effet, toute science à laquelle nous pouvons parvenir par nos facultés naturelles, est pleine de lacunes et d'incertitudes, si elle n'est éclairée par la lumière de la divine révélation, qui nous fait apercevoir les choses dans leur essence et sous leur véritable jour. « Ainsi que le soleil et la lune éclairent » les corps, dit Origène, la splendeur du Père éclaire » les âmes, celle-ci plus, celle-là moins, selon les dispositions de chacune à recevoir cette lumière. » « Mais, » ajoute le Sohar, si dans notre esprit la lumière naturelle ne joue que le rôle de lune, le feu divin y tient » lieu de soleil pour en chasser les princes des ténèbres. » *Ortus est sol, in cubiculis suis collocabuntur.* (Ps.

» 103.) » Pour garder sa clarté lumineuse, notre intelligence a besoin du feu de l'amour divin : elle ne manquera d'être bientôt enténébrée si elle s'abandonne à la lumière extérieure.

Le soleil et la lune, qui nous rendent sensibles la puissance et la bonté de Dieu dans l'univers, ont été pris pour figurer le ciel et la terre de Moïse, ou le monde intelligible et le monde sensible. Par le soleil, astre sans pareil, roi des astres (*solus* Δελφος), on a désigné le *Ciel*, siége et vase des corps incorruptibles et inaltérables, et le feu ; par la lune, on a désigné l'eau et la terre, et le sel, composé de terre et d'eau. La lune, de son côté, a été nommée : Reine des eaux, à cause de l'action qu'elle exerce sur toutes les choses humides en général, et que l'on peut admirer surtout dans le merveilleux phénomène du flux et du reflux de la mer, vaste étendue d'eau salée, d'où s'extrait par évaporation ce sel qui, en se cristallisant, retient toujours une certaine quantité d'eau. Cette humidité permanente, immortelle, qui réside dans le sel en général, est ce qu'on appelle l'humide radical, portion la plus pure de la matière dans laquelle se nourrit une étincelle de feu céleste qui n'a besoin que d'être excitée. Soumettez un mixte au feu, vous y trouverez deux humides : l'humide élémentaire, partie aqueux, partie aérien, cèdera à la violence du feu et s'envolera sous forme de vapeurs, laissant le corps en cendres ; l'humide radical, au contraire, affrontera la tyrannie du feu et demeurera obstinément attaché aux cendres du mixte. Les verriers vous diront que pour faire le verre, il faut nécessairement mettre les cendres en fusion, et qu'il ne saurait y avoir de fusion, s'il n'y a pas d'humide radical. Les laboureurs brûleront leurs détritus pour augmenter la fertilité de leurs champs, preuve que cet humide résiste aux atteintes du feu, qu'il est le prin-

cipe de la génération, que sa vertu, son feu actif ne demeurent engourdis que jusqu'à ce que la terre, matrice
commune des principes, en développe les facultés, ce
qui se voit dans les semences. L'humide radical, substance inaltérable, est le fondement du monde matériel,
le ferment de son immortalité, au moyen duquel il
subsistera même après sa destruction, après avoir passé
par la tyrannie du feu et avoir été purgé de sa tache
originelle pour être renouvelé et devenir incorruptible et
inaltérable pendant toute l'éternité. Cet humide radical
est d'une nature moyenne entre la matière subtile, spirituelle de la lumière ou du feu inné, et la matière
grossière, élémentaire, corporelle. Il participe des deux
et lie ces deux extrèmes : c'est le sceau du traité visible
et palpable de la lumière et des ténèbres, le point de
réunion et de commerce entre le ciel et la terre ; l'humide radical est l'habitation du feu inné, c'est le laboratoire de Vulcain, le foyer où se conserve ce feu immortel, premier moteur créé de toutes les facultés des
individus, le baume universel, le mercure de vie parfaitement sublimé et travaillé, que la nature distribue à
tous les mixtes. Qui saura dépouiller ce trésor caché de
l'écorce épaisse sous laquelle il est renfermé, pourra se
glorifier de savoir faire la plus précieuse médecine du
corps humain.

De la chaleur du soleil et de l'humidité de la lune est
engendré l'air chaud et humide, d'où provient la vie
pour tous les individus de la création, sans lequel rien
ne serait produit ni conservé, pas même le feu qui ne
saurait subsister sans l'air composé de deux parties :
l'une, participant de la chaleur du feu montant de l'eau,
et l'autre comme eau descendant du feu, qui va jusqu'à
la condensation. Il y a donc une eau humide qui tend en
haut pour se raréfier en air, et une autre froide pour se

condenser en nature de terre, jusqu'au feu rouge qui est en l'or, dernière des substances. L'air est un intermédiaire conciliateur entre l'humidité de l'eau passive qui constitue la matière, et la chaleur du feu dont dépendent l'agent et la forme. La terre est comme une matrice où le feu, venant à introduire son action au moyen de l'air et de l'eau, excite et pousse à sa fin déterminée tout ce qui s'y engendre. Les cinq autres planètes, c'est-à-dire Saturne, Jupiter, Mercure, Vénus et Mars, et les étoiles fixes, ne viennent que subsidiairement et à titre de coadjuteurs des forces et effets des deux grands luminaires, apporter leurs influences à la terre, comme les fleuves à la mer, sauf à recevoir à leur tour leur nourriture de la terre. Ainsi le ciel (air compris) et le feu représentent le mâle agissant ; l'eau et la terre, la femelle passive. Comme la semence de l'homme renfermée dans la matrice y est entretenue d'un sang corrompu au moyen de la chaleur naturelle, de même le feu, au moyen de l'air et de l'eau, est maintenu dans la terre par la production des choses qui s'y engendrent. On peut donc dire que le ciel, le soleil, le feu et l'air marchent ensemble sous une même bannière, et que la terre, comprenant l'eau et l'aride, marche sous une autre. C'est enfin le ciel et la terre de Moïse, le haut et le bas d'Hermès, le monde intelligible et le monde sensible, qui nous fait arriver à la connaissance des choses spirituelles. Dieu a lié le monde inférieur au monde supérieur pour la mafestation de sa gloire. Il a fait dépendre la lumière du monde sensible de la lumière supérieure invisible d'où procèdent toutes les facultés et vertus qui nous sont communiquées.

Devons-nous regarder le soleil comme la source de la lumière vivifiante du monde sensible, en présence du texte biblique qui nous dit que la lumière fut une créa-

tion du premier jour, et que le soleil, la lune et les
étoiles furent œuvre du quatrième? n'est-ce pas contra-
dictoire? Les progrès de la physique sont venus démon-
trer l'exactitude du récit mosaïque. Il est certain que la
lumière a précédé la formation du soleil; elle en est
indépendante; elle réside virtuellement dans toutes les
molécules de la matière et se manifeste selon les conditions où ces molécules se trouvent placées. L'apparition
de la lumière à la surface de la masse fluide et ténébreuse
de la matière primordiale s'explique de plusieurs ma-
nières, soit par l'élévation de sa température, soit par
sa condensation, soit par les actions chimiques dont elle
dut être le théâtre dans cette condensation même. Au
quatrième jour, l'Eternel acheva l'œuvre matérielle de
l'Univers, en ordonnant alors à la lumière de revêtir le
soleil et les astres qui brillent par eux-mêmes, car nous
savons que le soleil, et il en doit être vraisemblablement
ainsi des étoiles, est constitué par un globe de matière
obscure qu'entoure une atmosphère gazeuse enveloppée
elle-même d'une autre atmosphère lumineuse. Dieu
semble avoir voulu marquer le quatrième jour (le qua-
ternaire) d'un cachet particulier de perfection qui mît en
évidence ses œuvres précédentes et en révélât les facultés.
Ainsi, le soleil et la lune ne revêtent que le quatrième
jour la lumière créée le premier jour, les eaux créées le
second jour ne produisent les poissons que le cinquième
jour, c'est-à-dire le quatrième jour d'après. Enfin les
animaux et l'homme, pour lesquels les fruits de la terre
avaient été créés le troisième jour, n'apparaissent que le
sixième jour, c'est-à-dire le quatrième jour après.

Les Hébreux avaient donné trois noms à chacun des
deux grands luminaires : au soleil ceux de sagesse,
chaleur et sécheresse ou terre cuite, κεραμον; à la lune
ceux de règne ou royaume, mois, μηνη et blanche. Dans

les livres sacrés, le soleil représente souvent Jésus-Christ
et la lune l'Eglise de Jésus-Christ, blanche de pureté, empruntant de lui toute sa lumière. « Les figures du soleil
» et de la lune, qui chez les païens étaient une image
» allégorique de la vie humaine, expriment, dit l'abbé
» Martigny, sur les monuments chrétiens, les deux
» natures de Jésus-Christ. La divinité y est représentée
» par le soleil qui brille de sa propre lumière, l'humanité
» par la lune, corps opaque qui, ne brillant que d'une
» lumière réfléchie, est sujet à diverses phases d'éclat et
» d'obscurcissement, tout comme la nature humaine qui,
» unie dans la personne du Christ à la nature divine,
» participait à la splendeur de celle-ci sans être cepen-
» dant affranchie des défectuosités qui lui sont propres
» en tant que nature finie ou bornée. » « *Luna,* dit saint
» Grégoire-le-Grand (hom. 11, in ev.), *in sacro eloquio*
» *pro defectu carnis ponitur; quia dum menstruis*
» *momentis decrescit, defectum nostræ mortalitatis*
» *designat.* »

Nous avons successivement passé en revue le feu terrestre et élémentaire, le feu céleste et solaire, le feu intelligible et divin. Il ne nous reste plus à traiter que
du feu signalé par saint Marc, chap. IX, après Isaïe,
chap. LXVI : *Quorum ignis non extinguitur et ver-*
mis non moritur. C'est, au témoignage d'Origène et des
saints Pères, le feu infernal destiné à punir et à tour-
menter éternellement les réprouvés, tant dans leur corps
que dans leur âme, également prévaricateurs. Ce feu,
créé à l'origine du monde par la justice prévoyante de
Dieu, n'est point alimenté comme celui de nos foyers par
des combustibles tels que du bois ou du charbon, mais
par les iniquités qui, s'entassant les unes sur les autres,
viennent à la longue à s'enflammer et à brûler les âmes
de ses ardeurs vengeresses, ainsi que la fièvre, allumée

par des excès de bouche et autres, vient à brûler les corps. Ce feu prendra naissance au moment terrible où l'âme jetant un regard retrospectif sur ses fautes, pressée par l'aiguillon d'un remords désormais inutile, sera pour elle-même un témoin et un juge, suivant les paroles de saint Paul (ad. Rom., 2) : « *Leur conscience rendra* » *témoignage sur leurs actions bonnes ou mauvaises* » *lorsque Jésus-Christ jugera tout ce qui est caché* » *dans le cœur des hommes.* » Tel est le feu étranger qu'il faut étouffer dans notre âme au moyen du feu plus puissant du Saint-Esprit ; tel est le ver rongeur du remords se procréant dans la corruption qu'il faut détruire par le sel d'une conduite sage et exemplaire, et puisque notre salut ne peut s'opérer que par l'eau et par le feu, n'hésitons pas à passer par l'eau salutaire de la pénitence qui nous lavera, à passer par le feu de la tribulation, même par le feu temporaire du Purgatoire qui nous purifiera, pour ne pas être plongés tout vivants dans le feu inextinguible de l'Enfer.

On a comparé, avec assez de justesse, *le feu de l'autel ou celui de l'Esprit-Saint* à l'eau-de-vie qui stimule et répare les forces vitales, puis *le feu étranger* à l'eau forte (acide nitrique) qui désorganise et détruit les substances animales soumises à son action. L'eau-de-vie extraite par la distillation du produit fermenté des matières sucrées telles que celles du vin, des céréales et autres, a été appelée *eau ardente, esprit*, à cause de sa nature subtile, inflammable et de sa propriété d'éclairer et de chauffer. Elle a été aussi nommée *quintessence*, eu égard à sa conformité, à son analogie avec la nature céleste et avec le ciel ou éther ; car ce fluide subtil et impondérable nous transmet la lumière, l'électricité, le magnétisme et les autres influences des astres qu'il contient et dont chacun a son nom (Ps. 146), indiquant sa nature et ses propriétés distinctives (Genèse 2), comme l'eau-de-vie nous transmet les vertus et les propriétés diverses des simples qu'on y fait infuser. Parmi les diverses propriétés de l'alcool ou eau-de-vie, se trouvent: 1º celle de dissoudre une foule de sels déliquescents et de composés chimiques; 2º de préserver les pièces anatomiques de la corruption en leur enlevant l'eau qu'elles contiennent, puis 3º enfin de dégager de la chaleur ou du froid selon les substances auxquelles on l'applique, car si vous mêlez de l'alcool pur avec de l'eau, il se dégage de la chaleur, et si, au contraire, vous le mêlez avec de la neige ou de la glace pilée, il se produira un abaissement considérable de température; l'analogie existant entre les propriétés de l'alcool et celles du soleil et du feu qui éclairent, échauffent, purifient, qui liquéfient la cire et le beurre et durcissent les œufs et la boue a suffisamment autorisé le rapprochement de l'alcool avec le feu divin ou le feu de l'Esprit-Saint qui produit dans les âmes des effets différents suivant les dispositions de chacune.

L'eau forte, qui dissipe et ruine tout, répond parfaitement à l'idée que les Hébreux avaient du feu étranger, du feu de concupiscence, à celle que les disciples d'Hermès avaient du feu contre nature, du feu externe, exterminateur et à celle encore que les Egyptiens avaient de Typhon opposé à Osiris. Car, si Osiris était à leurs yeux la chaleur moite, aérée, naturelle, accompagnée d'une humidité vivifiante, Typhon était bien le feu exterminateur de cette chaleur, venant comme une fièvre brûlante consommer la substance du germe génératif dont tout individu est procréé. Tout le monde sait que parmi les eaux fortes, l'eau régale a eu longtemps le privilége exclusif de dissoudre et de liquéfier tous les métaux et de séparer l'or qui se trouve encore renfermé dans l'argent après l'opération de la coupellation.

On a pu comparer encore le *feu étranger* au levain, à l'eau salée de la mer, au vinaigre et aux autres ferments et feux contre nature, ainsi que le feu céleste de l'autel, au pain azyme, à l'eau douce. Dans l'ancienne et la nouvelle loi, Dieu défend, dans les sacrifices, l'usage des levains parce que ce sont des substances fermentées, décomposées, altérées de leur première nature; tandis qu'il réclame des pâtes sincères, du vin naturel et de l'eau douce, substances qui symbolisent la pureté de l'âme, l'état d'innocence de nos premiers parents avant leur transgression et la vraie science fondée sur la lumière naturelle unie à celle de la grâce. En goûtant du fruit de l'arbre de la science du bien et du mal, dans l'espoir insensé de devenir aussi savants que Dieu, Adam et Eve altérèrent leur pâte azyme en y introduisant le levain plein d'orgueil et de corruption de la science humaine qui fait son domaine exclusif des choses matérielles et sensibles, c'est-à-dire en substituant la vie matérielle à la vie spirituelle, la mort à la vie, les ténèbres à la lumière. Par suite, rien de plus naturel que l'Église ait adopté comme symbole le pain sans levain, préférablement au pain levé qui soutient notre vie matérielle, puisque le premier peut, sans altération, se conserver autant d'années que l'autre de semaines. *Un peu de levain aigrit toute la pâte,* dit saint Paul. (Ad Gal. V, 9.) A peine, en effet, y est-il introduit qu'il l'échauffe d'une chaleur fiévreuse, qu'il la boursoufle en la décomposant de manière à la convertir bientôt à sa propre nature; nature caustique dont l'effet est de brûler et de désorganiser les substances animales et végétales avec lesquelles elle est mise en contact comme fait le feu, ce qui lui a valu ainsi qu'aux autres ferments le nom de *Fermentum* (*fervere*, bouillonner, brûler). Tel est le feu étranger. Gardons-nous donc dans nos sacrifices à Dieu d'offrir du levain et du miel comme les idolâtres. *Nequicquam fermenti aut mellis adolebitur in sacrificio Domini.* (Lev. 2, 11.) Evitons le levain d'orgueil inspiré par la vaine science mondaine qui nous ferait préférer les traditions humaines à la parole de Dieu. (Origène, sur saint Marc, 7.) Méfions-nous des levains d'avarice, de luxure et d'orgueil et ne les laissons pas pénétrer dans notre âme pour y détruire tous nos sentiments d'humilité, de désintéressement et de chasteté. *Modicum fermenti totam massam corrumpit.* Méfions-nous de la moindre machination de quelques méchantes gens, car, comme une étincelle qui rencontre la moindre matière inflammable, elle embraserait bientôt des villes, des forêts, des contrées tout entières. Comme le levain introduit dans la pâte l'a bientôt altérée et convertie à sa nature, la doctrine perverse aurait bientôt gagné et corrompu tout un pays à l'instar d'un cancer dans un corps. Nous voyons aussi dans l'Ecriture sainte le levain pris en bonne part comme les deux feux. Si le mauvais levain est celui de l'orgueil, de l'avarice et de la luxure, le bon levain est celui de la foi, de l'espérance et de la charité qui a pour objet le règne de Dieu, comparé par Jésus-Christ au levain qu'une femme a mis dans trois mesures de farine. (Saint Matth. et saint Luc, 23.) Voilà le feu dont nous devons être salés, car, ainsi que le feu cuit nos viandes et le sel les assaisonne, le levain fait que la pâte se cuit mieux et devient plus digestible et de meilleur goût. Saint Paul a grand soin de nous faire sentir la différence qui existe entre le levain de la loi nouvelle et le levain de l'ancienne loi que les Juifs interprétaient mal et dont ils ne comprenaient rien au-delà de la lettre : « *Purifiez-vous du vieux* » *levain, afin que vous soyez une pâte toute nouvelle* » *comme vous êtes vraiment les pains purs et sans* » *levain, car Jésus-Christ a été immolé, lui qui est*

» *notre agneau pascal. C'est pourquoi célébrons cette*
» *fête non avec le vieux levain de la malice et de la*
» *corruption, mais avec les pains sans levain de la*
» *sincérité et de la vérité.* (Ad Corinth. ch. VI.) »

O père souverain du feu intelligible, du feu céleste et du feu élémentaire, enflamme du feu de ton Esprit-Saint les esprits et les cœurs de tes humbles créatures, afin qu'elles puissent te servir en cette vie et chanter tes louanges en l'autre !!!

CHAPITRE DEUXIÈME

DU SEL.

Au second livre du Lévitique, Dieu dit à Moïse : « *Tout ce que tu offriras en sacrifice, tu l'assaison-* » *neras de sel et tu n'ôteras pas de ton sacrifice le* » *sel de l'alliance de ton Dieu. Dans toute oblation* » *tu offriras du sel.* » A l'instigation du démon qui est le singe de Dieu, Pythagore, Numa et autres païens recommandent également de ne faire aucun sacrifice sans sel. Parmi les nombreux textes dont nous pourrions appuyer cette assertion, nous en prendrons un au livre 31, ch. 7, de Pline : « *Maximè autem in sacris intelli-* » *gitur salis auctoritas quando nulla conficiuntur* » *sine mola salsa.* » Puis un autre au Timée de Platon : « *Quand dans le mélange des éléments, le composé* » *est desséché et privé des plus subtiles parties de* » *terre, l'eau restante se congèle à demi; la salure* » *s'y introduisant, le durcit davantage, et ainsi se* » *forme le corps du sel (ce qu'un chimiste moderne* » *exprimerait ainsi : L'eau de mer se cristallise en* » *cubes par évaporation ou refroidissement). Ses* » *propriétés l'ont fait adopter dans les cérémonies* » *religieuses comme symbole de l'âme, substance di-*

» *vine qui garde le corps de toute putréfaction,*
» *comme le sel garde la chair morte.*» *Quibus anima
data est pro sale.* (Plutarque.) — Le sel est appelé :
divin par Homère, θεοφιλες σωμα.

Dans les cérémonies du Samedi-Saint, lorsque le
prêtre bénit l'eau en y jetant du sel, il fait allusion à
l'action d'Elisée jetant du sel dans les eaux de Jéricho
pour les adoucir, afin de nous enseigner que le peuple
figuré par l'eau doit, pour être sanctifié, s'instruire de
la parole de Dieu, figurée par le sel, qui marque l'amertume et le repentir d'avoir offensé Dieu, comme l'eau
marque la confession de la foi et des péchés. Le mélange
du sel et de l'eau symbolise le repentir des fautes et la
pratique des bonnes œuvres. Le sel signifie aussi la sagesse. *Vos estis sal terræ et habet sal in vobis*, de là
vient qu'au baptéme on met du sel dans la bouche du
catéchumène.

De grands mystères sont cachés sous les symboles du
feu et de l'eau, dont l'un est rouge et l'autre blanche.
Mais quelle différence entre eux ! Dieu daigne blanchir
nos péchés qui sont rouges, car la concupiscence vient
du sang et de la sensualité de la chair arrosée de sang,
tandis que de notre côté, nous donnons à sa blancheur
et à sa miséricorde, la teinte rouge de la rigueur de justice par le feu de nos charnels désirs, qui provoquerait
bientôt le jugement et la punition, s'il n'était éteint par
l'eau salutaire. Lorsque les méchants prévalent en ce
monde, ce qui arrive souvent, la rougeur de la justice
de Dieu couvre toute blancheur, mais si, à de rares in-
tervalles, les bons ont le dessus, tout resplendit de blancheur. On a rapproché de ces deux couleurs la loi mosaïque et la loi évangélique, la justice et la miséricorde,
la colonne de feu de la nuit, et la nuée blanche du jour,
le vin et le pain, le sang et la graisse qu'on devait offrir

à Dieu et dont on ne pouvait manger. — *Toute la graisse est au Seigneur par un édit perpétuel ; vous ne mangerez aucune graisse ni sang* (Genès. 9 et Lévit. 3) ; ce qui est répété au XVIIe chapitre du Lévitique, avec explication : *Nul d'entre vous ne mangera de sang, parce que l'âme de la chair est dans le sang ; or, c'est moi qui vous l'ai donné, afin qu'avec lui vous fassiez sur l'autel des expiations pour vos âmes, et que le sang serve ainsi à l'expiation de l'âme.* Ce sang représentait mystiquement celui du Messie qui devait nous mériter la vie éternelle, et, avant sa mort, tout autre sang que le sien devait être banni de la nourriture. La graisse était également réservée à Dieu, comme partie de la victime la plus exquise et la plus digne de lui être offerte. *Toute graisse d'huile, de vin, de blé, tout ce qui est offert en prémices et en dîmes, c'est-à-dire tout ce qu'il y a de plus délicat et de plus exquis.* (Nomb. 18.) *Cibavit eos ex adipe frumenti.* (Ps. 80.) N'est-ce pas parce que dans le sang résident les esprits vitaux ou la vie de nature de feu et que la graisse est propre à alimenter la lumière, qui est un symbole de l'âme ? Le feu et le sel ont été comparés au vin et au lait. *J'ai bu mon vin avec mon lait.* (Cant. 5.) Le vin désignant l'arbre de la science du bien et du mal ; le lait désignant l'arbre de vie. Enfin le feu et le sel ont été comparés à la rose et au lis. Les extraits qu'on obtient de ces substances, par la distillation, sont également blancs, comme la vapeur du sang et de la graisse brûlés dans les sacrifices, pour signifier, dit le Sohar, qu'on ne doit offrir au Seigneur rien qui ne soit pur et blanc. Dieu demande à sa créature son âme (feu et sang) et son corps, c'est-à-dire la graisse dont il se nourrit ; il faut qu'ils lui soient offerts purs et sans taches, sans corruption, comme s'ils étaient passés par le feu et salés. Il veut qu'on les lui brûle pour qu'ils montent vers lui comme un encens d'agréable odeur. *Dirigatur oratio mea sicut incensum in conspectu tuo* (Ps. 140), le mot prière comprenant les désirs, les pensées et les actions.

Nous avons dit que rien n'était plus commun ni moins bien connu que le feu; nous en pouvons dire autant du sel. Moïse en fait le plus grand cas, puisqu'il l'introduit dans tous ses sacrifices, l'appelant *l'alliance perpétuelle de Dieu avec son peuple*. Plus tard, Arnobe le signale aux Gentils comme signe de bénédiction. *Benedicitis mensas salinorum apposita*. Le célèbre Romain Fabricius ne possédait, en fait d'argenterie, qu'une coupe, pour faire des libations, et une salière, pour les sacrifices. Tite-Live nous apprend, chapitre 26 de son Histoire, que la salière et la coupe étaient regardées par les Romains comme des objets indispensables. *Ut salinum pateramque deorum causa habeant.*

Chez tous les peuples, le sel a été une marque et un symbole d'amitié. A peine l'étranger était-il entré, qu'on s'empressait de lui servir du sel, comme gage d'une solide amitié. Saint Mathieu reproche à Judas *de n'avoir gardé ni souvenir ni respect pour la table où ils avaient mangé ensemble et où ils avaient partagé le pain et le sel.* Lycophron, en son poëme sur Alexandre, appelle le sel αγνιτης, purifiant, par allusion à ce passage d'Euripide : θαλοσσα κλυζει παντα τ'ανθρωπων κακα. La *mer lave tous les maux des hommes,* parce que la mer, appelée par les Pythagoriciens, à cause de son amertume salée, larme de Saturne et cinquième élément, n'est autre chose que du sel dissous dans de l'eau. Nous ne pouvons qu'admirer la quantité énorme de sel qui existe dans la nature, tant à l'état de dissolution dans les eaux de la mer, celles de certains lacs et celles des sources salifères, qu'à l'état de masses compactes et sous la forme de minéral au sein de la terre. Il y a du sel dans les cendres de toutes les matières que l'on brûle, et ce sel, dit Geber, retient toujours la nature et les propriétés de la matière dont il est extrait, pourvu que l'opération se fasse dans un vase clos et que les esprits n'aient pu s'en évaporer; autrement, il ne resterait plus que le *sal infatuatum* dont l'Évangile fait mention.

« *Le sel*, dit Pline, *est une substance tellement*
» *nécessaire que le nom en est appliqué même aux*
» *plaisirs de l'esprit; on les nomme en effet* sales.
» *Tous les agréments de la vie, l'extrême gaîté,*
» *le délassement du travail n'ont pas de mot qui les*
» *caractérise mieux.* (31, 7, 41.) » Le sel constitue les grâces de l'esprit auxquelles fait allusion saint Paul, au chapitre 4 de son épître aux Colossiens : « *Que vos*
» *paroles soient toujours gracieuses et assaisonnées*
» *du sel de la sagesse.* » Enfin il sert à assaisonner nos aliments et à leur donner de la saveur; à telles enseignes qu'on dit communément : *Sale et sole nihil utilius.* Rien n'est plus nécessaire que le soleil et le sel. Il excite l'appétit de Vénus et l'appétit de Cérès. Pour aiguiser l'appétit, on ouvre le repas par des choses salées et excitantes; il serait bientôt amorti si l'on commençait par les autres : *Pourrait-on manger sans sel un mets qui n'a pas de saveur?* dit Job au chap. VI. Le sel a encore le privilége de rendre la boisson plus délicieuse.

C'est au reste un symbole d'équité et de justice, parce qu'il garde et conserve l'objet où il s'introduit et s'y attache. C'est de plus un symbole d'amitié et de reconnaissance, ainsi qu'en témoignent les paroles adressées à Artaxercès par ses officiers, au livre 1er d'Esdras, ch. 12 :
« *Nous souvenant du sel que nous avons mangé dans*
» *le palais, et parce que nous regardons comme un*

» *crime les offenses faites au roi, c'est pourquoi*
» *nous avons envoyé et nous avons averti le roi.* »
Parce que ces officiers ont mangé le sel chez le roi, ils
croient avoir contracté à son égard une des obligations
les plus saintes et les plus sacrées.

En fait, rien au feu de plus permanent, de plus fixe
que le sel, rien de plus approchant de sa nature. Tantôt
amer comme le sel de magnésie, astringent comme
celui d'alumine et de zinc, piquant comme celui de chaux
et de baryte, salé et amer comme celui de soude, âcre
comme celui de plomb, styptique comme celui de fer et
de cuivre. Le sel est en général subtil, pénétrant, pur et
net, incombustible et incorruptible, puisqu'il préserve
tout de corruption, devenant dans ses préparations clair
et transparent comme l'air, car le verre n'est autre chose
qu'un sel très-fixe qui se peut extraire de toutes sortes
de cendres, bien qu'il ne soit pas soluble à l'eau comme
le sel commun. Les philosophes hermétiques le regardent
comme la source originaire des métaux, des minéraux,
des végétaux et des animaux dont le sang, l'humeur
vitale et les parties constitutives sont salées dans un but
de conservation, puis de tous les mixtes et composés élémentaires, ce qui s'entend de ce qu'ils se résolvent en
lui et de ce qu'il est comme l'autre vie de toutes choses.
Sans lui, s'écrie Morien, la nature ne pourrait rien faire
nulle part; sans lui rien ne pourrait être engendré,
affirme Raymond Lulle. En somme, les philosophes
déclarent unanimement que rien n'a été créé ici-bas, en
la partie élémentaire, de meilleur ni de plus précieux
que le sel. Il y a du sel en toutes choses. Rien ne pourrait subsister si le sel n'y était mêlé, il lie les parties
ensemble comme une colle qui les maintient en corps et
les nourrit, car dans le sel on distingue deux substances :
l'une visqueuse, gluante et onctueuse, de nature d'air et

qui est douce, celle-là nourrit, tandis que la substance amère et salée ne nourrit pas ; l'autre est brûlante, âcre, piquante et mordante, de nature de feu et laxative, car tous sels sont laxatifs et aucune substance ne relâche si elle n'est pas de nature de sel. Quoique igné de soi, le sel est ennemi du feu des cuisines, car il y saute et pétille, corrodant d'ailleurs toutes les matières auxquelles il s'attache et les desséchant bien qu'il possède l'humidité la plus forte et la plus permanente. *Est humiditas,* dit Geber, *quæ super alias humiditates expectat ignis pugnam.* On peut constater ce fait dans les métaux qui ne sont que des sels calcinés et durcis par une longue et successive coction dans les entrailles de la terre où leur humidité s'est fixée par la chaleur tempérée qui s'y retrouve. Ces sels participent de la nature du soufre et du mercure qui joints ensemble forment un troisième sel dit métallique qu'on peut fondre et résoudre comme le sel commun.

Parmi les affinités qui existent entre le feu et le sel, nous ne pouvons oublier celle que Raymond Lulle avait remarquée : Tous deux sont ennemis des ordures et des immondices, et ne veulent s'y joindre ni associer; ils purifient toutes choses et semblent leur donner une nouvelle vie, par des moyens différents sans doute, mais toujours est-il qu'ils arrivent au même résultat : *Non volunt nisi res puras.*

Nous avons dit qu'on distinguait dans le sel deux substances : l'une douce, gluante, onctueuse, inflammable, de nature d'air, liante, nourrissante ; nous avons vu cette substance à l'œuvre dans la nature; l'autre âcre, mordante et séparative qui n'engendre rien, prise pour symbole de stérilité, au chap. 9 des Juges, où les habitations des rebelles et des traîtres sont rasées et semées de sel.

Les poètes, en leurs fictions, ont appelé la substance salée : Océan (ωχεανος, de l'égyptien : *oucham, chame, noire,* ou du grec χυανεος, bleu foncé), et la substance douce, où la matière salée de la mer est dissoute et rendue liquide : Thétis (τιθηνη) qui allaite et nourrit toutes choses.

Les Egyptiens idolâtres et abandonnés à leurs sens réprouvés détestaient le sel à cause de la mer dont il était tiré et où allait se perdre et se saler la douce substance du Nil qu'ils regardaient comme l'humeur radicale qui fait germer et entretient tout ici-bas ; par suite, les mariniers et les insulaires leur étaient odieux et ils ne les regardaient que comme des gens retranchés de la société par un élément cruel et impitoyable qu'ils appelaient le cinquième.

Il y a lieu de croire que, dans un but providentiel tout opposé, Dieu choisit à dessein le sel comme pacte d'alliance entre Moïse et son peuple pour donner à entendre au moyen de l'allégorie que nos âmes et nos corps doivent lui être offerts purs et sans corruption, comme plus tard il le faisait indiquer par la plume de saint Marc : *Tout homme sera salé par le feu et toute victime sera salée par le sel.* Voilà pourquoi encore notre Seigneur choisit ses apôtres pour être un sel parmi les hommes, c'est-à-dire pour leur annoncer la pure et incorruptible doctrine de l'Évangile, et les confirmer dans une foi solide et durable, tant par leurs paroles que par leurs exemples.

QUATRIÈME PARTIE

—

LES ÉTAPES DU ROI

—

Lilia sola regunt lunam, undas, castra leonem.

(Devise de la ville de Bordeaux.)

Le lis d'or est la fleur parfaite, c'est le couronnement de l'œuvre; il l'emporte en excellence sur le lion, Mercure, la lune et Mars.

TEMPS ET SAISONS DE L'ŒUVRE.

1° L'**hiver** est le temps de la dissolution et de la putréfaction.

Le soleil est dans le signe du Capricorne du 22 déc. au 20 janv.
—   Verseau du 20 janv. au 18 fév.
—   Poissons du 18 fév. au 20 mars.

C'est le règne de Saturne ou de la couleur noire.

2° Le **printemps** dure depuis l'évanouissement de la
couleur noire jusqu'à la perfection de la couleur
blanche.

Le soleil entre dans le signe du Bélier du 20 mars au 20 avril.
—   Taureau du 20 avril au 21 mai.
—   Gémeaux du 21 mai au 21 juin.

C'est le règne de Jupiter ou du gris et du blanc.

3° L'**été** formé par cette blancheur et la safranée qui
la suit.

Le soleil entre dans le signe du Cancer du 21 juin au 23 juillet.
—   Lion du 23 juillet au 23 août.
—   Vierge du 23 août au 23 sept.

C'est le règne de Vénus ou de la couleur citrine.

4° L'**automne** donne la couleur rouge qui vient après.
L'artiste y recueille le fruit de ses travaux.

Le soleil entre dans le signe de la Balance du 23 sept. au 23 oct.
—   Scorpion du 23 oct. au 22 nov.
—   Sagittaire du 22 nov. au 22 déc.

C'est le règne de Mars, Apollon ou de la couleur rouge.

TABLEAU DE L'ŒUVRE ET DES COULEURS.

Les métaux ne sont autres que les différents états de leur Mercure pendant les opérations du magistère. Ces états sont au nombre de sept, comme il y a sept planètes :

1ᵉʳ RÉGIME. — **Mercure.** — Il précède la couleur noire, couleur bleuâtre.

2ᵉ RÉGIME. — **Saturne.** — Durant tout le temps de la putréfaction jusqu'au gris, la matière alors est plomb et noire.

3ᵒ RÉGIME. — **Jupiter.** — Fils de Saturne, il mutile son père. De ses parties jetées dans la mer naît Vénus. Jupiter, alors père des dieux avec Junon, représentée par l'air renfermé dans le vase et l'humidité qui y est mêlée. Durant ce régime se lave le laton ; ce qui se fait par l'ascension et la descension successives du Mercure sur sa terre. Cette eau représente la mer dont le flux et le reflux sont marqués par ces ascensions et descensions continuelles. La volatilisation arrive pendant le règne de la couleur grise.

4ᵉ RÉGIME. — **Lune.** — Le régime de la lune est une suite de l'ablution du laton (Latone, mère de la lune et du soleil) qui par là devient blanc comme la lune.

5ᵉ RÉGIME. — **Vénus.** — Vénus domine ensuite et c'est dans le temps que la matière prend une couleur citrine qui tire sur un rouge plombé ou de rouille de fer.

6ᵉ RÉGIME. — **Mars.** — Mars alors vient. Le régime de Mars, ami de Vénus, dure jusqu'à la couleur orangée, représentée par l'aurore, avant-courrière du soleil.

7ᵉ RÉGIME. — **Soleil.** — Phœbus, frère de Diane, paraît enfin sous la couleur de pourpre.

Les poëtes ont feint que Diane, sa sœur, servit de sage-femme à sa mère Latone lorsqu'elle mit le soleil au monde parce que le rouge vrai or et vrai soleil des philosophes ne paraîtrait jamais si le blanc ou Diane n'avait paru auparavant.

CINQUIÈME PARTIE

AUTEURS CONSULTÉS

AUTEURS CONSULTÉS

Chaque pièce justificative portera le nom
d'un auteur sacré ou profane. — Injonction
de vérifier ou d'admettre la preuve.

1° **Chassang**. — Dictionnaire grec-français, rédigé
d'après les travaux les plus récents de philologie grecque. — Tableau des racines. (Paris,
1872, GARNIER.)

2° **Alexandre**. — Dictionnaire grec-français.

3° **Huré**. — Dictionnaire de philologie sacrée, suivi
du Dictionnaire de la langue sainte (hébraïque),
par TEMPESTINI. — Collection Migne, 4 vol.
in-4°.

4° **D. Pitra**. — *Spicilegium solesmense,* contenant
la clef de saint Méliton, 4 vol. in-4°, DIDOT,
1855.

5° **Ab. Auber**. — Histoire et Théorie du symbolisme religieux. — Paris, FRANCK, 1872, 4
vol. in-8°.

6° **Guigniault**. — Symbolisme des religions antiques,
traduction de CREUZER et annexes.

7° **Glaire**. — Sainte Bible, nouvelle traduction, puis
l'introduction historique et critique.

8° **Cornelius à lapide**. — Commentaires sur l'ancien et le nouveau Testament.

9° **Funger (Jean)**. — *Florilegium originationum.*

10° **Isidori** *hispalensis episcopi Originum sive etymologiarum* libri XX (1534).

11° **Fulgentius Planciades**, évêque d'Afrique. — Symboles.

12° **Leusden**. — *Onomasticum sacrum.*

13° **D. Calmet**. — Dictionnaire de la Bible.

14° *Etymologicum magnum græcum*, édit. de Venise, 1549.

15° **Freund**. — Grand Dictionnaire de la langue latine, traduit de l'allemand par Theil, 2 vol. in-4°, Didot, 1855.

16° **Quicherat**. — Dictionnaire latin-français.

17° **Roquefort**. — Glossaire de la langue romane, 1808. — 3 vol. in-8°.

18° **Diez**. — *Lexicon etymologicum linguarum romanarum, italicæ, hispanicæ, franco-galliæ* (1869-1870).

19° **Raynouard**. — Lexique roman.

20° **Bullet**. — Origines celtiques. Linguistique, 1754.

21° **Roget de Belloguet**. — Ethnogénie gauloise. — Glossaire gaulois, 1872.

22° **Jehan** (de Saint-Clavien). — Dictionnaire de philologie et de linguistique, 1858, collect. Migne.

23° **Steur**. — Ethnographie des peuples de l'Europe avant Jésus-Christ. — Bruxelles, Muquardt, 1872, 3 vol. in-4°.

24° **Guarnacci**. — *Origini italiche.* 3 vol. in-f°, Lucca, 1772.

25° **Alberti**. — Dictionnaire italien-français et français-italien.

26° **Borel**. — Trésor des recherches et antiquités gauloises. Et. Courbé, 1655, in-4°.

27° **Bescherelle**. — Dictionnaire français, 2 vol. in-4°.

28° **Dupincy de Vorrepierre**. — Dictionnaire français et Encyclopédie universelle, 2 vol. in-4".

29° **Schéler**. — Dictionnaire étymologique de la langue française. (Maisonneuve, Paris, 1873, 1 vol. grand in-8°.)

30° **Malte-Brun fils**. — France illustrée, 3 vol.

31° **Guérard**. — Division territoriale de la Gaule.

32° **Walckenaër**. — Géographie ancienne, historique et comparée des Gaules cisalpine et transalpine (1839).

33° **Vallois** (Adrien). — *Notitia Galliarum*.

34° **Philostrate**. — Images et héroïques.

35° **Hip. Cocheris**. — Origine et formation des noms de lieu (1874).

36° **Noël**. — Dictionnaire de la fable.

37° **Ogée**. — Dictionnaire historique de Bretagne.

38° **Blanc de Saint-Bonnet**. — Etudes économiques, religieuses, philosophiques. — De l'infaillibilité, de la légitimité. 1860 à 1876.

39° **Lenoir** (Alex.) — Nouvelle explication des hiéroglyphes (1810).

ERRATA.

———

Page 24, ligne 23, au lieu de : *le mot,* lisez : *les mots.*

— 36, — 20, au lieu de : *Spiciligium,* lisez : *Spicilegium.*

— 39, — 9, au lieu de : *acqueduc,* lisez : *aqueduc.*

— 39, — 29, au lieu de : *condidus,* lisez : *candidus.*

— 41, — 7, au lieu de : *lorsque le vase apparaîtra,* lisez : *jusqu'à ce que le vase apparaisse.*

— 43, — 26, ajoutez : *Math.,* ch. 23, *vers.* 37.

— 44, — 27, au lieu de : *donna,* lisez : *donra.*

— 45, — 11, au lieu de : *donnera,* lisez : *donra.*

— 62, — 10, au lieu de : ειργαζω, lisez : εργ-αζομαι.

— 66, — 27, au lieu d'une virgule, mettez un point après *craux.*

1177 — Nantes, Anc. Imprimerie CHARPENTIER — Edouard VINCENT et Cⁱᵉ.

www.ingramcontent.com/pod-product-compliance
Lightning Source LLC
LaVergne TN
LVHW012306170726
843503LV00002B/633